夢をかなえる
サッカーノート

中村俊輔
Shunsuke Nakamura

prologue
ノートを公開する前に

　11冊のサッカーノート。
　初めて書いたのは、高校2年生のときだった。それから15年、いまだに僕はノートをつけている。
　これまで誰にも見せたことがない。家族にすら。人に見せるつもりはなかった。だからこそ、誰にも言えないこと、悔しさや不安、自分の弱点を書き綴ってきた。僕のサッカーに関する頭の中、心の内がすべて書かれていると言っていい。日記と言えるかもしれない。
　31歳になった僕がなぜ今、ノートをこの場で見せる気持ちになったのか、それはこの本の最後に話すことにする。まずはここにあるノートから、その理由を感じ取って欲しい。
　今回、ノートを公開するとともに、15年間サッカーノートをつけてきた僕が考える、新しい「サッカーノート」を開発した。初めは先生に教わった書き方が、どんどん自己流になっていく過程は、この本を読んでもらえば分かると思う。そこから生み出した、決定版「サッカーノート」と言えるものが出来上がった。僕のノートをサンプルに、書き方も分かるようにしてあるので、サッカーをやっている人は参考にしてノートをつけてみて欲しい。サッカーをやっていない人にも、「目標を達成するための人生ノート」として活用してもらえたら嬉しい。
　ノートを書いたからJリーガーになれる、日本代表選手になれるわけではない。それは逆もあるからだ。ノートをつけていないJリーガーだってたくさんいるし、日本代表選手の中でもあまり聞いたことがない。レッジーナ（イタリア）やセルティック（スコットランド）のチームメイトにもいなかった（彼らがこのノートの存在を知ったら僕のことを変人扱いするかもしれない）。他にたとえて言えば、僕は自分のスパイクはすべて自分で磨くけど、ホペイロ（用具係）に任せる選手もいる。スパイクを自分で磨いている選手がＭＶＰを獲ったら、「やっぱりすごいよね、スパイクも自分で磨いているしね」

prologue

となるけど、獲れなければスパイクを磨く話は取り沙汰されないだろう。すべてはそういうことだ。
　これはひとつのやり方に過ぎない。僕が好きなやり方だったということ。

　中学進学と同時に横浜マリノス（現・横浜F・マリノス）のジュニアユースチームに加入した僕は、2年生までは順調だった。一つ上の先輩に交じってレギュラーで試合にも出ていた。中学生といえども、次第にみんな筋力トレーニングに励み、フィジカルを上げていく。そんななか、僕は背が思うように伸びなかった。自分だけうまく成長しない——その悩みは日に日に大きくなっていった。そのとき、声をかけてくれたのが、樋口靖洋コーチだった。
「焦らなくていい。今は技術だけをしっかりやればいい」
　そう言って、簡単な股抜きフェイントを教えてくれた。それだけで僕は目の前がパーッと開けたように感じて、前に進んでいく意欲が湧いた。
　本当は、機会があれば悩んでいる人、困っている人に自分の経験を含めたこのようなアドバイスを伝えてあげたい。でも今はその時間がないから、このノートを見てもらうことで、僕が悩んでいたとき何を考えてプレーしていたのか、またはトレーニング方法などを知ってもらい、それがいい方向に向かう手助けになればと思っている。勇気を与えられたら、少しでも力になれたらと。
　実のところ、サッカーノートを見せるならヌードを披露するほうがまだマシ、それくらい恥ずかしいことだと、今でも思っている。

2009年9月
中村　俊輔

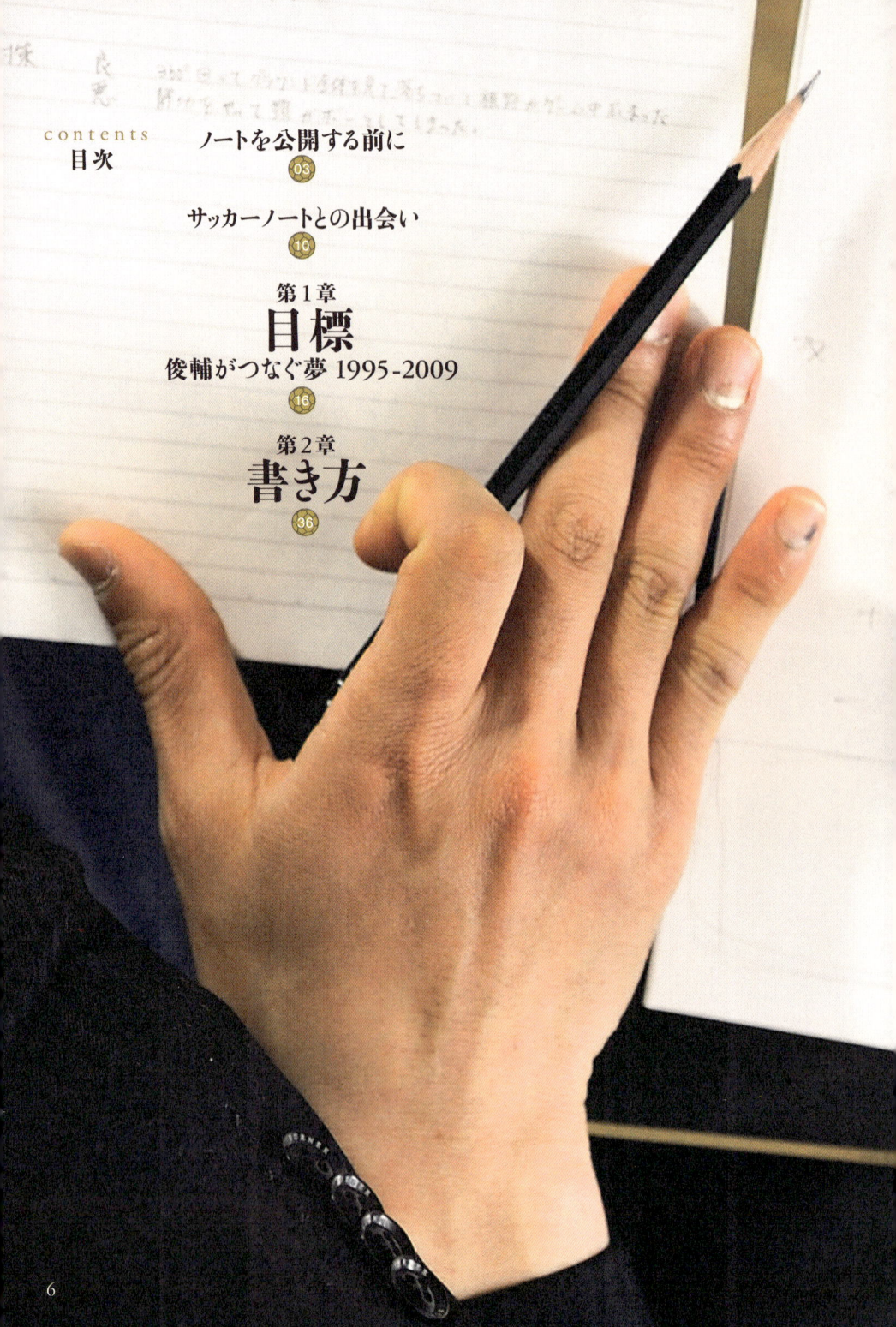

contents
目次

ノートを公開する前に
03

サッカーノートとの出会い
10

第1章
目標
俊輔がつなぐ夢 1995-2009
16

第2章
書き方
36

第3章
ゲーム
(46)

1996年 日本高校選抜 ヨーロッパ強化遠征 48
1997年 Jリーグ 第1〜7節 52
1997年 第9回FIFAワールドユース選手権 54
2000年 日本対中国／対スロバキア 56
2000年 日本対フランス 58
2000年 横浜F・マリノス対鹿島アントラーズ 59
2000年 シドニーオリンピック 日本対南アフリカ／対ブラジル 60
2001年 日本対フランス 62
2002年 レッジーナ対ペルージャ／対ブレッシア 64
2003年 レッジーナ対インテル／対ユベントス／対ピアチェンツァ／対ローマ 66
2004年 レッジーナ対ペルージャ／対シエナ／対アンコーナ 68
2006年 セルティック対エバートン 70
2006年 セルティック対レンジャーズ／対コペンハーゲン／対ダンディー・ユナイテッド 72
2006年 セルティック対マンチェスター・ユナイテッド 74
2007年 セルティック対ACミラン 76
2007年 日本対ペルー 78
2008年 セルティック対バルセロナ 79
2008年 日本対オマーン 80
2008年 セルティック対ビジャレアル 82
2008年 日本対ウズベキスタン／対カタール 84
2008年 セルティック対セントミレン 85

2002年、僕がノートを書かなかった理由
(86)

第4章
トレーニング
(92)

第5章
メンタル
(106)

第6章
イメージ
(130)

第7章
記録
(146)

第8章
俊輔がつくるサッカーノート
(150)

僕の変わらない部分と、
変わった部分
(156)

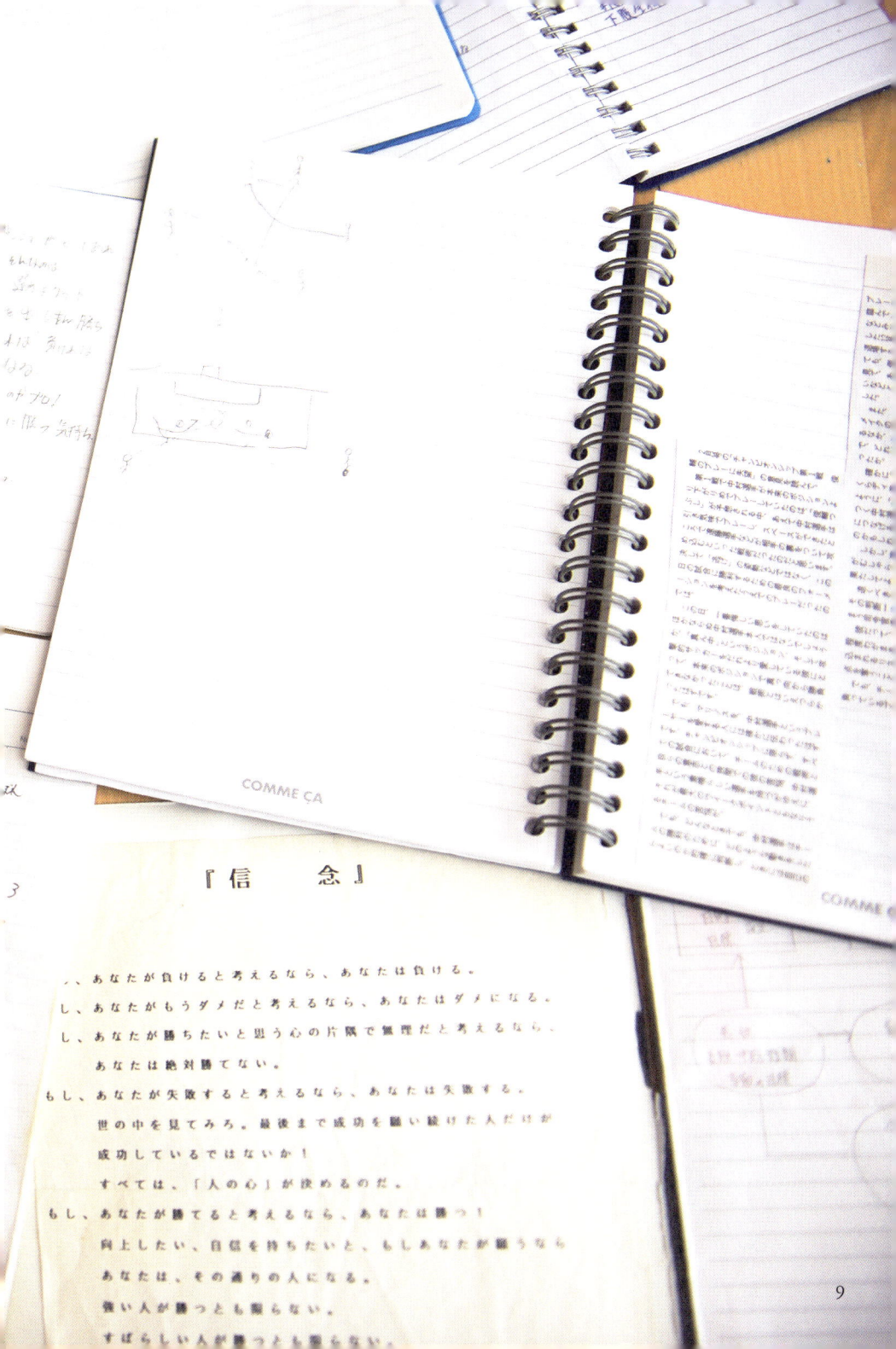

『信　念』

あなたが負けると考えるなら、あなたは負ける。
もし、あなたがもうダメだと考えるなら、あなたはダメになる。
もし、あなたが勝ちたいと思う心の片隅で無理だと考えるなら、
あなたは絶対勝てない。
もし、あなたが失敗すると考えるなら、あなたは失敗する。
世の中を見てみろ。最後まで成功を願い続けた人だけが
成功しているではないか！
すべては、「人の心」が決めるのだ。
もし、あなたが勝てると考えるなら、あなたは勝つ！
向上したい、自信を持ちたいと、もしあなたが願うなら
あなたは、その通りの人になる。
強い人が勝つとも限らない。
すばらしい人が勝つとも限らない。

introduction
サッカーノートとの出会い

　マリノスのジュニアユースで、ひとつ上の学年の大会に出るようになっていた僕は、自意識過剰というか完全に慢心していた。
　思えば、4歳のとき、1歳上の兄が通う深園サッカークラブに一緒について行くようになったあのときから、常に年上の中に交じってサッカーをやってきた。
　深園サッカークラブは、僕が通っていた深園幼稚園が作ったスポーツクラブで、当時は出来たばかりだった。サッカーだけでなく、ドッジボールや鉄棒などいろいろなことで体を動かすのがクラブの目的だった。ただのボール遊びは次第に本格的なサッカーとなっていき、僕は練習が楽しくてしようがなくなった。
　監督はスパルタで、いつも大声で怒鳴っていたが、子供なりに監督の熱が伝わってきて、まったく嫌じゃなかった。むしろ「やってやるぞ」という気になって、負けたくない、上手くなりたいという気持ちに火が着いたのだった。
　小学校に上がって、深園サッカークラブでの練習は週3回になり土日は試合という具合で、監督もますます厳しくなった。当時からミッドフィールダーで、フリーキックやコーナーキックも任されていて、試合は常に兄の学年のチームで出場していた。
　そして、中学に上がると同時に、横浜でサッカーをしている少年なら誰もが憧れるマリノスのジュニアユースチームに入団した。恥ずかしながら、僕は13歳ですでに自分のプレーに自信があった。
　その驕りは当然の結果を招く。3年になると、年下にレギュラーの座を奪われ、ベンチにすら入れなくなり、僕はふてくされた。いくら牛乳を飲んでも背が伸びない。心身ともに及んだ悩みは、家族をも心配させる深刻な状況だった。
　その先のユースチームに上がれなかったのは自業自得だった。そして僕は、桐光学園高校でサッカーを続けることになる。クラブチームのアットホームな雰囲気から一転、部活ならではの上下関係に戸

惑うこともあったが、高2になると身長も176cmまで伸び、試合にも出られるようになった。

　メンタルを専門とする豊田一成先生に出会ったのはその頃だった。当時、桐光学園サッカー部は、監督やコーチとは別に、フィジカルやメンタルの先生を外から招いて、チームを一段と強くすることに力を注いでいた。トレーナーとは別に、鍼やマッサージを担当する先生もいて、試合ともなると、ベンチにずらりと5～6人のスタッフが並び、Jリーグさながらの光景だった。その環境は高校レベルでは突出していたと思う。それが僕にとってどれほど刺激的だったかは言うまでもない。

　豊田先生は、試合に勝つために強い気持ちをコントロールするいくつかの方法を教えてくれた。気功や、試合に向かうバスの中で聞く闘志を高めるためのCDなどもあった。サッカーノートはそのうちのひとつだった。

　1冊目のノートはアディダスのノートにした。現在、表紙が取れてしまうほどボロボロになっているが、今読み返しても一番面白いノートかもしれない。何でも学んでやろうというひたむきな気持ちが滲み出ている。

　まず最初のページには、短期、中期、長期の目標を分けて書くように言われた。それから、試合の前には、「これからどう試合に臨むか」、試合の後には、攻撃面、守備面のプラス面、マイナス面を書き、課題や次の試合に向けて何をしなくてはいけないかも明記した。また、練習が終わった後にはメニューも書き、先生に提出していた。

　それを続けているうちに、試合でも結果を出せるようになってきて、今までやってきたすべてのことがよかったんだと思うようになった。毎朝6時前に家を出て自主的にやっていた朝練も、部活の後ひとりで残ってやっていた夜練も。そしてこのサッカーノートを

遠征用のカバンには、(左上から)シューズ、トレーニング用具、ポーチ、ヘッドフォン、治療器具、雑誌、室内着に加えて必ずノートも入れていく

introduction

つけることも。こういう努力の仕方をしていれば、結果はついてくるんだと信じることができた。すると、先生に提出しなくてはならないからという義務感でつけていたものが、積極的になり、いつしか習慣となっていた。最初はサッカー部全員がつけていたはずだが、気がつけば続けているのは自分だけになっていた。

　プロに入り、少しずつノートの書き方は変わっていった。試合前にどのようなプレーをするのかということと、試合後に課題を書くことに変わりはないが、イメージ画を描いたり、気になる選手やチームのプレーも書くようになった。書く頻度も少しずつ間があいてきて、2カ月間全く書かないこともある。書きたいとき、課題が見つかったときに書くというようになった。
　今では、試合が終わってグラウンドを出て、ロッカールームに帰ってきたときにはもう、ノートに書かなくてはいけないことが頭の中に浮かんでいる。その作業は、身体に染み付いていると言っていいだろう。

　若いときは、うまくいっていることが崩れるのが怖くて書いていたように思う。もしかしたらもう、書かなくても大丈夫なのかもしれない。でも僕は書いてしまう。今はむしろ好きで書いているとも言える。僕はいろいろなことをイメージするのが好きだ。計画、と言ってもいい。細かく計画したものがその通りにいくのが快感だからだ。ここにある、フリーキックのイメージ画が試合で現実化したこともある。そのときの快感は忘れられない。年間の目標もそうだけれど、一年にわずかしかないオフの計画を綿密に立て、それを計画通りに実現させたときも充実感がある。

　静かな空間でひとりノートに向き合う時間、それが僕の人格を育ててきたのかもしれない。

① goal
目標
毎年1〜2回、短期、中期、長期に分けて目標を設定する

俊輔ノート6つの極意
勝つための俊輔ノート。そこには15年かけて編み出された6つの極意があった。

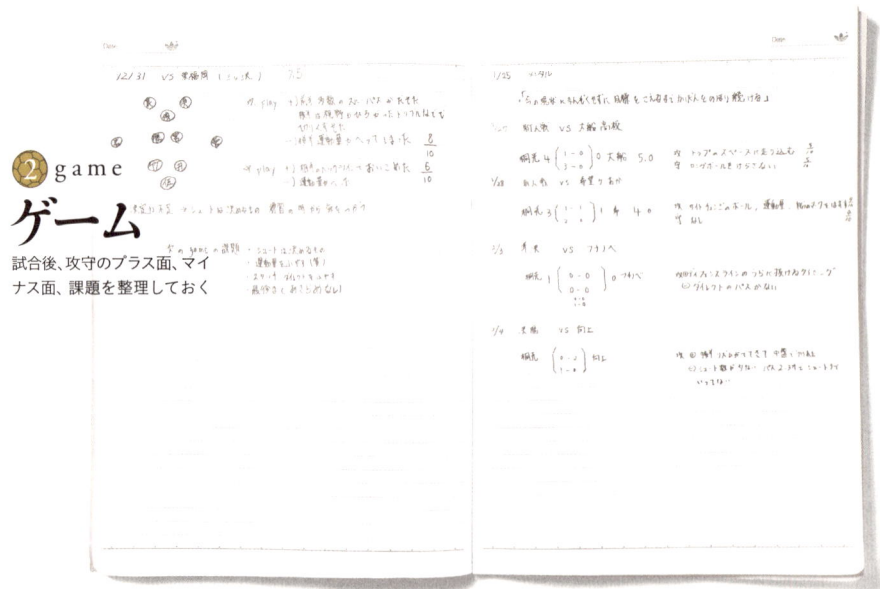

② game
ゲーム
試合後、攻守のプラス面、マイナス面、課題を整理しておく

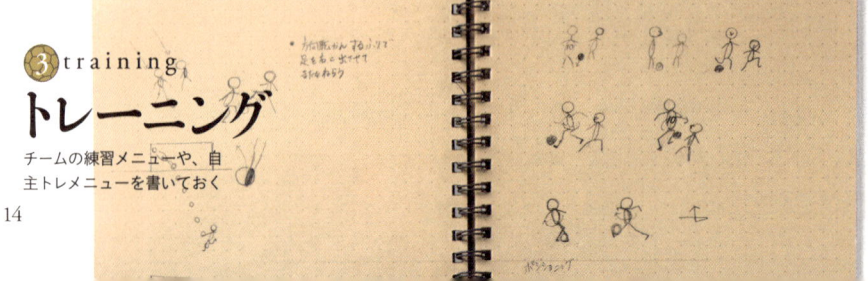

③ training
トレーニング
チームの練習メニューや、自主トレメニューを書いておく

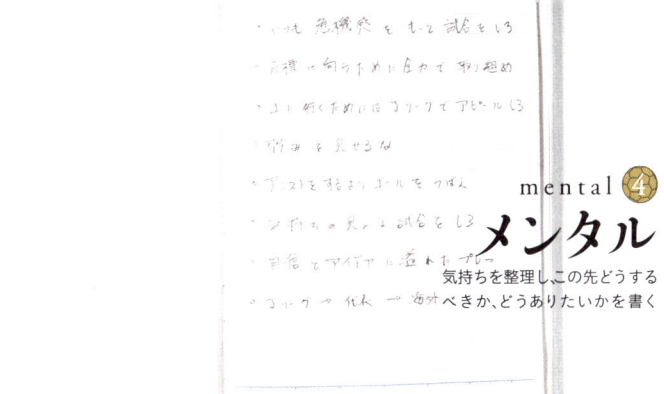

mental ④ メンタル
気持ちを整理し、この先どうするべきか、どうありたいかを書く

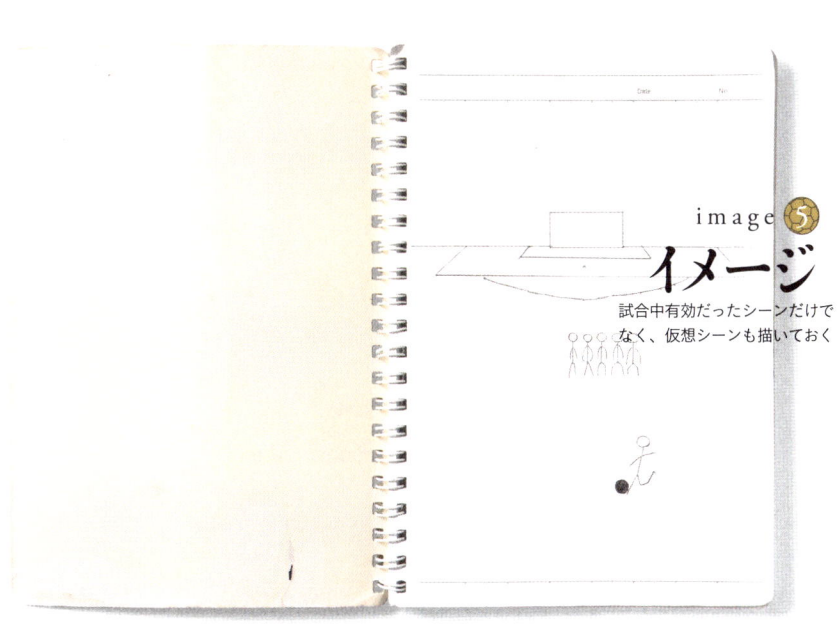

image ⑤ イメージ
試合中有効だったシーンだけでなく、仮想シーンも描いておく

record ⑥ 記録
自分にとっていい記事だけでなく悪い記事もスクラップしておく

1995〜

1997全国高校サッカー選手権決勝
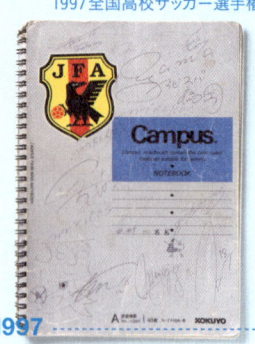
〜1997

第1章 | 極意 ①
goal
目標

セルティックでリーグ3連覇

2006〜2009

2005〜2006

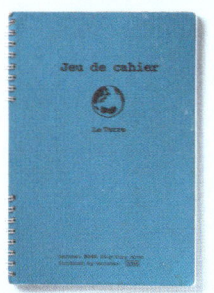

2000年シドニーオリンピック出場

1998　　　1999〜2000

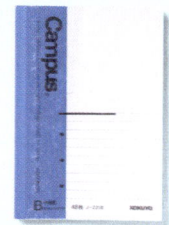
2000

2001〜2002

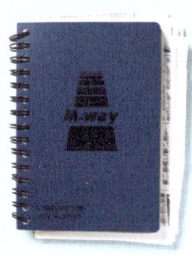
2002〜2004

1995-2009
俊輔がつなぐ夢

15年で、俊輔はどれだけ夢をかなえてきたか。
目標を書いたページだけを並べてみると
納得のいく答えが現れた。

2005　　　2004

2002年7月 レッジーナに移籍

目標を書き続けた理由

　僕は、日記も手帳も持たない。このサッカーノートだけが自分の拠り所となっている。ときには日記のようでもあり、ノートの後ろのほうにはオフの予定をびっしりと書き込み、手帳代わりでもある。
　ここに書くのは決意表明と考えている。書かないように心がけているのは、漠然としたこと。
　まっさらのノートの1ページ目に必ず書くのは、短期、中期、長期の目標だ。17歳のときに先生に教えてもらったことを今でも続けているというわけだ。初めのうちは、1年に1回だったが、イタリアに行ってからは、年の始めと、9月から始まるシーズン前の2回になった。
　短期のところに書くのは、半年後くらいまでのことにしている。頑張れば手に届くことを書くのがいいと思う。短期の目標はクリアしてどんどん入れ替えていくイメージで設定している。大事なのは、そのために何をしなくてはいけないかを考えること。それを繰り返していくことで階段をひとつひとつ上がっていく。
　腹を括る、というところもある。マスコミの前で、「今年の目標は？」なんて聞かれたときの答えにもなりうるわけだから。公衆の前で言ったら、もうやるしかないという気持ちになる。出来なかったら恥ずかしい、僕ならそう思う。
　もちろん、いくつか達成できないこともあるだろう。実際、僕にもあった。例えば、これはある雑誌のインタビューでのことだけど、MVPを獲ったばかりの僕は、翌年の目標に「10得点、10アシスト」と大きなことを言ってしまった。ところがその年、チームは流れに乗れず、成績は下降線を辿った。すると個人の目標達成のために力を注ぐよりも、チームを浮上させることに気持ちを切り替えなくてはならなくなり、そこに時間がかかってしまった。僕にとって目標は、書きっぱなし、言いっぱなしのものでは決してなく、毎日それをクリアするために何をするかを考えて過ごすためのものだか

ら。それを考えると、個人的な数字は書かないほうがいいのかもしれない。FWには必要な場合もあるけれど。
　いずれにしても、もし出来なかったことがあっても、そのときは「何が足りなかったのか」という部分がたくさん出てくるから、それを課題にして明日から過ごせばいいんだ。

　中期は1年先くらいのことを書く。例えば、ワールドカップ前年の短期目標に「ワールドカップ予選突破」と書いたとする。その場合、中期は「ワールドカップに出る」ではなくて「ワールドカップで活躍する」と書く。難しそうなことも書くということだ。だんだんその日が近づいてくるにしたがって、やはり腹を括るようになる。
　長期は2年後以降、長期的に思い描く自分のあるべき姿を書く。中期と同様に、絶対にかなえてやる、というよりは、無理かな？　と思うことも書くようにしている。「世界に通じるプレーヤーになる」と初めて書いたのは17歳のときだから、まったく現実味はなかった。その後「海外でプレーする」と毎年長期目標に書いていたけど、5年後その目標は中期にスライドして「海外のチームからオファーがくるようにする」と、少し現実味を帯びるようになった。2000年、シドニーオリンピックの年だった。そして翌年の中期目標に「海外でプレー」と書き込んだんだ。イタリアのレッジーナに移籍したのが、その翌年2002年だから、まさに"だんだん近づいた"と言える。
　僕は、マリノスにいた頃、内にこもりがちでコミュニケーション下手だった。「海外でプレー」と書いてはいたけど、本当はイタリアなんて行きたくなかった。言葉の通じない知らない国に行くなんて。でも、サッカーが上手くなりたいんだったら、行くしかないだろうって自分を追い込んでいった。だからこそ、目標に書く、という行為からも逃げなかった。
　99年の秋、雑誌のインタビューで初めてサッカーノートをつけていることを明かしたとき、「海外でプレーすることは目標に入っ

ている？」と聞かれて、「入っているけど、それは中期ではなく長期に入っている」と答えた。僕にとって、その目標が短期であるか、中期であるか、長期であるかも非常に重要だってことだ。

「誰からも尊敬される人になる」という長期の目標は、ずっと書き続けている。確かロベルト・バッジョだったと思う。彼がどこかで言っていて、いただいた、というわけ。他のスポーツ選手の本から学ぶことも多い。最初に読んだのは、『神の肉体 清水宏保』だった。違うスポーツ選手、特に個人競技の戦い方を知るのはとても面白かった。ドゥンガの『PROFESSIONAL 勝者の条件―勝ち残る者と敗れ去る者の違いとは』や『オシムの言葉』『ロベルト・バッジョ自伝 天の扉』、最近では金本知憲さんの『覚悟のすすめ』も読んだ。他のアスリートから盗めるものはないかなと思って、いろんな本を読むようにしている。

　僕は、2009年6月、大きな夢をひとつ実現させた。
「スペインでいいプレーをする」
　中期目標に初めてそれを書いたのは、2005年の年初だった。セリエAでプレーして3年目、次のシーズンでスペインリーグへ移籍したい、という気持ちの表れだった。そのシーズンオフ、実際スペインのチームからのオファーもきたのだが、条件面で折り合いがつかず、最終的に僕はスコットランドのセルティックに移籍することを決めた。
　それでもスペインに行きたい気持ちに変わりはなかった。"海外"を意識したときからずっと持っている夢なのだから。セルティックで始まるシーズン前、僕は2005‐2006年の中期目標に、再び「スペインでプレーする」と書き込んだ。
　5年を経て、僕のその夢はかなうこととなった。もう少し先になるかと思っていたが、それは思いがけず目の前にやってきた。
　遠くの夢は、日々の努力で自然と近づいてくる——。それを強く感じた出来事だった。

2009年7月13日、スペインのエスパニョールの入団記者会見で。外には7000人のサポーターが待っていた。

短期目標
- 自分の苦手なプレーを克服する
- 選手権優勝，関東ユースで東西選抜に入る

中期目標
- 自分のプレーに満足せずに向上心をもち続ける

- Jに入る
- 自分に勝つ

長期目標
- 人から尊敬される人になる

- 日本代表，世界に通じるプレーヤになる

当期の目標
- 冷静な判断
- 緊張性不安   }を克服する
- コーチ受容

高2のとき初めて使ったノート

17歳〜18歳
1995 - 1996

1995年10月
第50回国民体育大会少年の部
神奈川県選抜として出場

12月
第74回全国高校サッカー選手権
東福岡に負けて1回戦敗退

1996年1月
ニューイヤーユースサッカー
日本高校選抜として出場

3月〜4月
日本高校選抜ヨーロッパ遠征参加

マークの見方
← 目標を書いてかなえたこと
※年表中の赤字も同様

← これからかなえること

＊年表は6月24日の誕生日で
一年を区切っています

短期目標
・筋力アップ 19
・スタメン出場（1試合） 自分のなっとくのいくプレーをする。20

DREAM CAME TRUE!

中期目標
・オリンピック代表に入りつづける。21 22

DREAM CAME TRUE!

・マリノスの軸 MFゲームメーカーになる 23 24

DREAM CAME TRUE!

長期目標
・日本代表の軸になりつづける。25

DREAM CAME TRUE!

・海外でプレーし世界に通じるプレーヤー 26

DREAM CAME TRUE!

・人から尊敬される人になる。〜

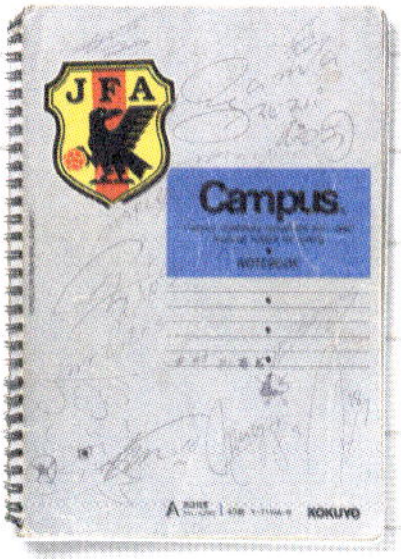

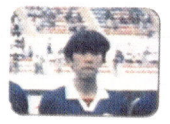

プロになる年に新しくしたノート

18歳〜19歳
1996-1997

1996年8月
全国高校総合体育大会出場、準決勝で帝京に敗れる

10月
第30回アジアユース選手権、4位に終わる

1997年1月
第75回全国高校サッカー選手権、決勝で市立船橋に敗れ準優勝
[5試合出場]

2月
U-20代表オーストラリア遠征参加

3月
横浜マリノス（現・横浜F・マリノス）に加入。背番号25
Jリーグヤマザキナビスコカップ 第1節V川崎戦、スタメン初出場

4月
Jリーグ 1st.ステージ第2節G大阪戦、リーグ戦初出場

5月
Jリーグ第6節平塚戦で初得点をあげる
U-20代表マレーシア遠征参加

6月
第9回ワールドユース選手権出場

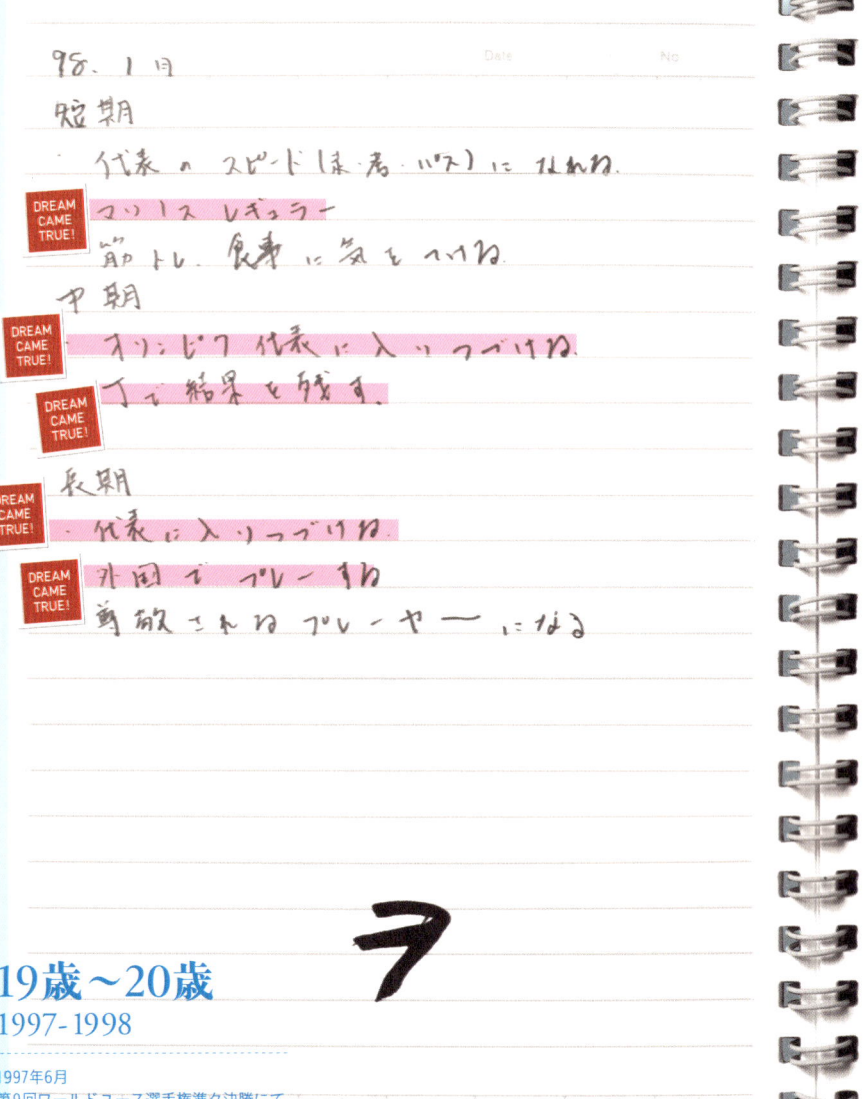

19歳〜20歳
1997-1998

1997年6月
第9回ワールドユース選手権準々決勝にて
ガーナ代表に敗れベスト8に

7月
コダックオールスター出場

12月
第77回天皇杯3回戦に出場
Jリーグ優秀新人賞受賞
[Jリーグ27試合出場／5得点]
[Jカップ3試合出場]
[天皇杯1試合出場]

1998年2月
岡田武史監督により日本代表初選出、
オーストラリア遠征に参加

98〜99年に使ったノート

Campus

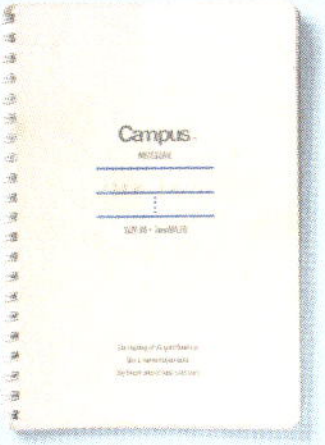

20歳〜21歳

1998-1999

1998年11月
Jリーグ2nd.ステージ第17節平塚戦でハットトリック達成

12月
第13回アジア大会にU-21代表として参加、
グループリーグ敗退
[Jリーグ33試合出場／9得点]
[Jカップ4試合出場／1得点]

1999年3月
横浜F・マリノスで背番号10に変更

6月〜7月
シドニーオリンピックアジア1次予選にU-22代表として参加

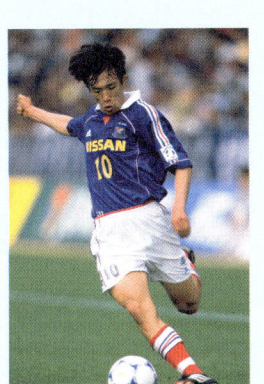

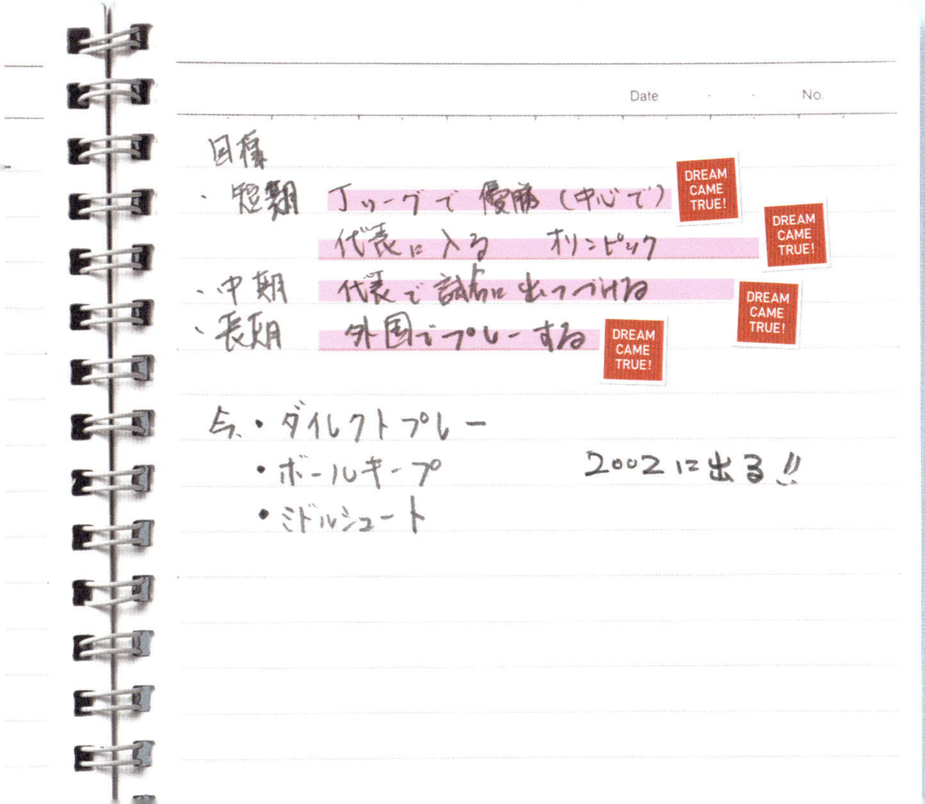

NISSAN
10

Date
No.
目標
・短期 Jリーグで優勝(中心で)
代表に入る オリンピック
・中期 代表で試合に出つづける
・長期 外国でプレーする
DREAM CAME TRUE!
DREAM CAME TRUE!
DREAM CAME TRUE!
DREAM CAME TRUE!
今・ダイレクトプレー
・ボールキープ
・ミドルシュート
2002に出る!!

短期
- 代表に入りつづけるためにJで活躍する
- マリノスで中心になる。ゲームをいつもつくる

中期
- 代表でレギュラーになる
- ベスト11に入る

長期

- 海外でプレーする
- 日本代表で10をつけてプレーする
- 尊敬されるプレーヤーになる

- フィジカルアップ
- Jで勝つ
- ゲームをつくる
- どんなやつでも勝ってポジションをとる
- あきらめたらそこで負け
- あらそうことで自分がレベルアップする
  あい手からにげない
- 強気でいく
- このままでたちどまれない おいこまれてにげない
  そこから勝つ
- 21歳 これから 今のびなければ
- 満足しない
- 負けはゆるさない (気持ち)

21歳～22歳
1999-2000

1999年7月
たらみオールスター出場

8月
ラモス瑠偉引退試合出場

10月／11月
シドニーオリンピックアジア最終予選にU-22代表として参加

12月
Jリーグベストイレブン選出
[Jリーグ26試合出場／7得点]　[Jカップ4試合出場]
[天皇杯3試合出場／1得点]

2000年2月
カールスバーグカップに日本代表として参加
第12回アジアカップ予選に日本代表として参加、シンガポール戦でAマッチ初出場、ブルネイ戦でAマッチ初得点をあげる

5月
Jリーグ1st.ステージ優勝

6月
ハッサン二世杯に日本代表として参加
日本代表対スロバキア代表／ボリビア代表戦に出場

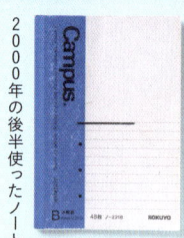
2000年の後半使ったノート

2000年に主に使ったノート

短期目標
- 自分のプレーを見せつける
- コンフェデに出る　代表に入る。
- 楽しむ（負けず嫌いを出す）

中期目標
- 自分のプレーに満足せず向上心をもって努力し続ける。

海外のチームからオファーがくるようにする。
代表での自分のポジションをかく立させる。中心になる。10をつける。

長期目標
- 人から尊敬されるプレーヤー、人間になる
- 世界のトッププレーヤーになる

心
- いつも危き心をもって試合をしろ
- 目標に向って全力で取り組め
- 上に行くためにはTでアピールしろ
- 弱みを見せるな
- アシストよりゴール
- 気持ちの見えるゲームを！
- 自信とアイデアに溢れたプレー
- 自分から攻める気持ち
- アピールし続ける
- 一試合一試合目標をたてる

- どんなやつでも勝ってポジションをうばう
- あきらめたら、そこで負け
- あらそうことで自分がレベルアップする　あらそいから逃げない
- あらそいに勝つ
- 立ち止まらない、上を見つけてめざす
- ゲームで自分が1番目立つようにする
- まわりのうるさい声はプレーでだまらせる
- モチベーションをあげる

22歳～23歳
2000-2001

2000年8月
たらみオールスター出場

9月
シドニーオリンピックにU-23代表として参加、準々決勝でアメリカに敗れ、ベスト8に

10月
JOMOカップ出場
第12回アジアカップに日本代表として参加、優勝しベストイレブンに

12月
Jリーグ最優秀選手賞（MVP）受賞
[Jリーグ30試合出場／5得点]
[Jカップ4試合出場／1得点]　[天皇杯2試合出場]

2001年3月
日本代表対フランス代表戦に出場

短期 ：代表でレギュラーでいつづけね
　　　　Jリーグで1番の選手になね

中期 ：海外でプレー
　　　　ワールドカップでグラウンドに立つ 活躍する

長期　 ：ビッククラブでやる

○ 自己表現 をする
○ 瞬発力をつけね
○ 何か自分にたりないかいつも考えね
○ レベルの高い所でけなされる方をえらぶ
○ 自分に負けない
○ ライバルにはぜったい負けない．

○ 300メートル　50〜55秒　5セット〜6
○ なわとび
○ スクワット（ハードルジャンプ）ダッシュ 瞬発力
○ 足ひ チューブ
○

23歳〜24歳
2001-2002

2001年10月
ヤマザキナビスコカップ決勝でジュビロ磐田に勝利し優勝

12月
Jリーグ優秀選手賞受賞
[Jリーグ24試合出場／3得点]　[Jカップ6試合出場／2得点]
[天皇杯 1試合出場]

2002年3月
日本代表対ウクライナ代表戦に出場
日本代表のポーランド遠征に参加

4月
日本代表対コスタリカ代表戦に出場
日本代表対スロバキア代表戦に出場

5月
日本代表対ホンジュラス代表戦に出場

01〜02年に使ったノート

後期
↓

2003

目標

短期

- 肉体改造、フィジカルアップ
- 22人の中で一番いいプレーをする
- 代表での数少ない試合で必ずいいプレー結果を出し、必要と思われる選手になる

前期→

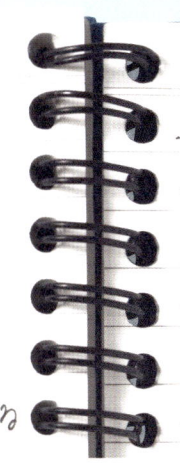

毎期目標

- セリエAでいいプレーをする
- レッジーナで1番の選手、中心になる
- 10番をとる

中期

- いいクラブに移籍する
- セリエAの中でもトップクラスの選手になる

長期

- 人から尊敬される、愛されるプレーヤーになる

レッジーナ移籍で新しくしたノート

24歳〜25歳
2002-2003

2002年7月
イタリア・セリエAのレッジーナに移籍。背番号10

9月
開幕戦ペルージャ戦でセリエAデビュー

11月
ジーコ監督になった日本代表対アルゼンチン代表戦に出場

2003年3月
日本代表対ウルグアイ代表戦に出場

6月
日本代表対パラグアイ代表戦に出場
コンフェデレーションズカップに参加、グループリーグ敗退

[Jリーグ8試合出場／4得点]
[セリエA32試合出場／7得点]
[イタリアカップ4試合出場／1得点]

29

2004　目標

後期 ↓

短期

- レッジーナでスタメンをとり返し。自分の納得のいくプレーをする
  簡単にしゃさせないプレーをする

- 代表では10番らしいプレー、責任のあるプレーをして、活躍する

- 期待をうらぎってる分、サッカー、グランドでとり返す!

中期

- 自分に限界を作らず 上へ上へ、めざす。
  いいクラブにいって、10番をつけて、チームの中心になる。

- 代表で1番うまい選手、頼りになるプレーヤーになる

長期

- 尊敬される選手、人間になる

前期 ↓

25歳〜26歳
2003-2004

2003年8月
日本代表対ナイジェリア代表戦に出場
9月
日本代表対セネガル代表戦に出場
10月
日本代表対チュニジア代表戦に出場
日本代表対ルーマニア代表戦に出場
2004年2月
日本代表対イラク代表戦に出場
2月/3月
ワールドカップドイツアジア地区1次予選に出場
5月
日本代表対アイスランド代表戦に出場
6月
日本代表対イングランド代表戦に出場
ワールドカップドイツアジア地区1次予選に出場
[セリエA 16試合出場／2得点]
[イタリアカップ 2試合出場]

2003-2004

短期

-
-

- 流れの中で5点

- ①フィジカルアップ、②シュートの意識、③タフなメンタル
  ④ ボールぎわの強さ

中期

- 上のクラブに移籍する
- セリエAの中でトップクラスの
  プレーヤーになる

長期

人から愛される 尊敬される 人間
                         プレーヤーになる

04年に主に使ったノート

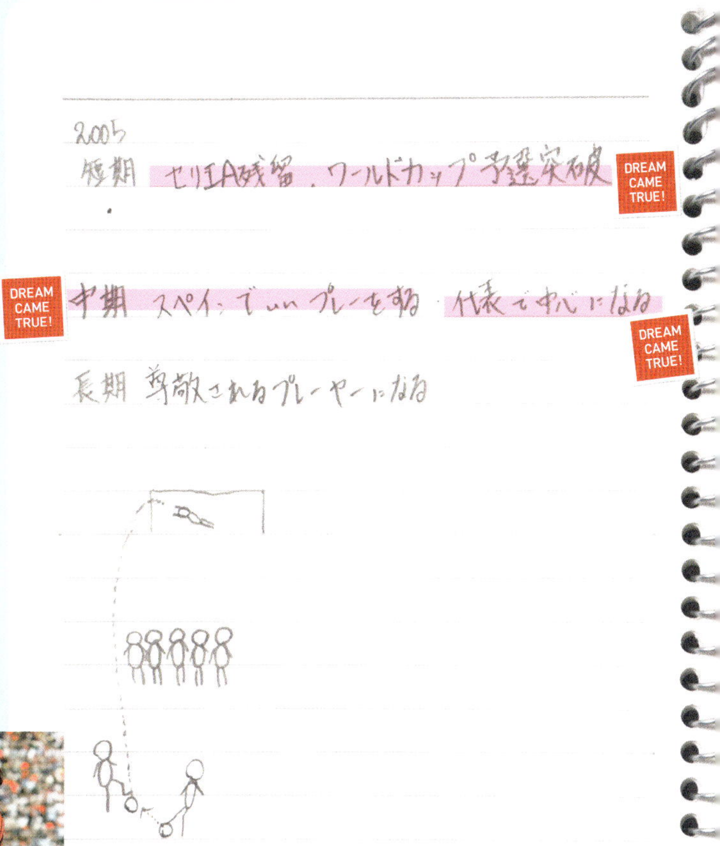

2005
短期 セリエA残留、ワールドカップ予選突破
DREAM CAME TRUE!
DREAM CAME TRUE!
中期 スペインでいいプレーをする 代表で中心になる
DREAM CAME TRUE!
長期 尊敬されるプレーヤーになる

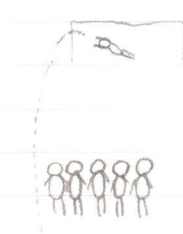

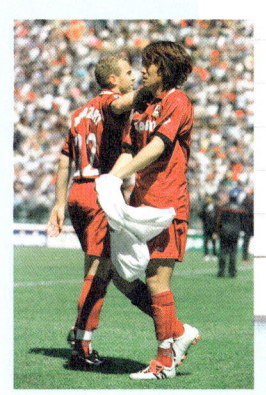

26歳〜27歳

2004-2005

2004年7月
日本代表対スロバキア戦に出場
日本代表対セルビア・モンテネグロ戦に出場

〜8月
第13回アジアカップに参加、優勝しベストイレブン及び大会MVPに選出される

10月
ワールドカップドイツアジア地区1次予選出場

2005年2月／3月
ワールドカップドイツアジア地区最終予選出場

6月
ワールドカップドイツアジア地区最終予選出場
ワールドカップ出場を決める
コンフェデレーションズカップに参加。グループリーグ敗退
[セリエA33試合出場／2得点]

adidas
OFFICIAL SUPPLIER
KIRIN
OFFICIAL SPONSOR

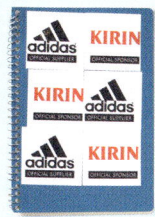

05年初期に使ったノート

2005〜2006

短期目標
- セルティックでスタメンで出場しつづける DREAM CAME TRUE!
- 代表では自分のプレー、納得のいくプレーをする
- 常に向上心をもつ。上を見る。足を止めない。

中期目標
- ワールドカップでプレーして、鬼姫。DREAM CAME TRUE!
- スペインでプレーする DREAM CAME TRUE!
- 代表で10点 DREAM CAME TRUE!

長期目標
- 自分で限界をさだめない
- 人から尊敬されるプレーヤー・人間になる
- トッププレーヤーになる

27歳〜28歳
2005-2006

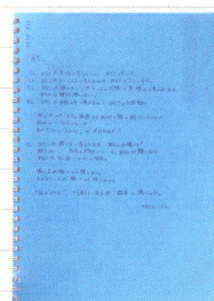

05-06シーズンに使ったノート

2005年7月
スコットランド・プレミアリーグのセルティックへ移籍
背番号25

9月
日本代表対ホンジュラス代表戦に出場

10月
日本代表対ラトビア代表戦に出場
日本代表対ウクライナ代表戦に出場

11月
日本代表対アンゴラ代表戦に出場

2006年2月
日本代表対ボスニア・ヘルツェゴビナ代表戦に出場

3月
スコットランド・リーグカップ優勝

5月
日本代表対ドイツ代表戦に出場
スコットランド・プレミアリーグ優勝
[スコットランド・プレミアリーグ33試合出場／6得点]
[リーグカップ4試合出場]
[スコティッシュカップ1試合出場]

6月
日本代表対マルタ代表戦に出場
ワールドカップドイツに参加、グループリーグ初戦オーストラリア戦で1得点も、グループリーグ敗退

2006～2007
目標
短期・セルティックでレギュラーでゲームに出場し
続けていいプレーをする。75.9ア以上
・フィジカルを上げる
・もっとうまくなる
・代表で10をつけしたフラーでいつつで
1番になる

中期・アフリカW杯で大活躍する
・日本で1番うまい選手になる

長期・再期になれるプレーヤーになる

28歳～29歳
2006-2007

2006年9月
UEFAチャンピオンズリーグ（UCL）グループリーグ、マンチェスター・ユナイテッド戦（アウェー）でフリーキックによる得点をあげるも2-3で負ける

10月
スコットランド・プレミアリーグ、ダンディー・ユナイテッド戦でハットトリック達成

11月
UCL、マンチェスター・ユナイテッド戦（ホーム）でフリーキックで得点をあげ、1-0で勝利。決勝トーナメント進出を決める

2007年2月/3月
UCL決勝トーナメント、ACミラン戦に敗れる

3月
オシム監督になった日本代表に初選出され、ペルー戦に出場

5月
スコットランド・プレミアリーグ優勝、
スコットランドFAカップ優勝
スコットランドPFA年間最優秀選手賞（MVP）、
ベストイレブン、
スコットランド・サッカー記者協会年間最優秀選手賞、
ベストゴール賞受賞（2006年12月26日開催第21節のダンディーU戦が選定対象）
[スコットランド・プレミアリーグ37試合出場／9得点]
[スコティッシュカップ5試合出場]　[UCL8試合出場／2得点]

6月
日本代表対コロンビア代表戦に出場

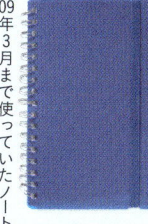
09年3月まで使っていたノート

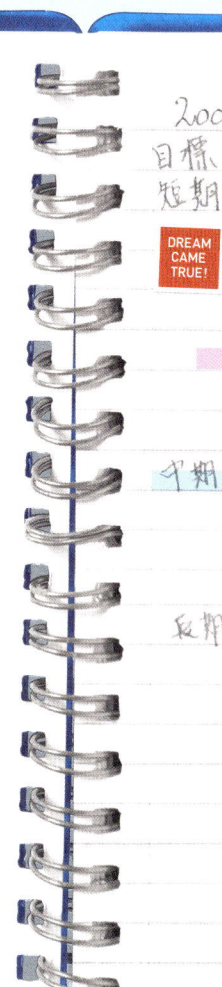

> 2007〜2008
> 目標
>
> 短期・アジアカップで存在感を見せね
> 　　　ゴールに絡むはたらきをする！3連覇
> 　　・リーグ3年連続優勝
> 　　　おどろくプレー．イマジネーション
> 　　　フィジカルトレーニング
>
> 中期・W杯で大活躍する（10をつける）
> 　　・日本のトップで走りつづける
>
> 長期　尊敬されるプレーヤーになる．

DREAM CAME TRUE!
DREAM CAME TRUE!
IN THE FUTURE!

29歳〜30歳
2007-2008

2007年7月
第14回アジアカップに参加、ベスト4に [2得点]

9月
日本代表として3大陸トーナメントに参加

10月
UCLグループリーグ、ACミラン戦に勝利

2008年2月／3月
UCL決勝トーナメント1回戦、FCバルセロナ戦に出場するも敗退

4月
ライバルチームのレンジャーズ戦で得点をあげ、セルティック・ゴール・オブ・ザ・シーズンに選ばれる

5月
スコットランド・プレミアリーグ3連覇
[スコットランド・プレミアリーグ26試合出場／6得点]
[スコティッシュカップ4試合出場／1得点]
[UCL4試合出場]
日本代表対パラグアイ代表戦に出場

6月
ワールドカップ南アフリカアジア3次予選参加

30歳～31歳
2008-2009

2008年9月
ワールドカップ南アフリカアジア最終予選出場

10月
日本代表対UAE代表戦に出場

10月／11月
ワールドカップ南アフリカアジア最終予選出場

9月～12月
UCLグループリーグでオールボー、ビジャレアル、マンチェスター・ユナイテッドと戦うも、決勝トーナメント進出ならず

2009年2月／3月
ワールドカップ南アフリカアジア最終予選出場

3月
スコットランド・リーグカップ優勝

5月
日本代表対ベルギー代表戦に出場
[スコットランド・プレミアリーグ32試合出場／8得点]
[リーグカップ3試合出場／1得点]
[スコティッシュカップ2試合出場]
[UCL5試合出場]

6月
ワールドカップ南アフリカアジア最終予選参加、
ワールドカップ出場を決める
スペインリーグ、エスパニョールに移籍
背番号7

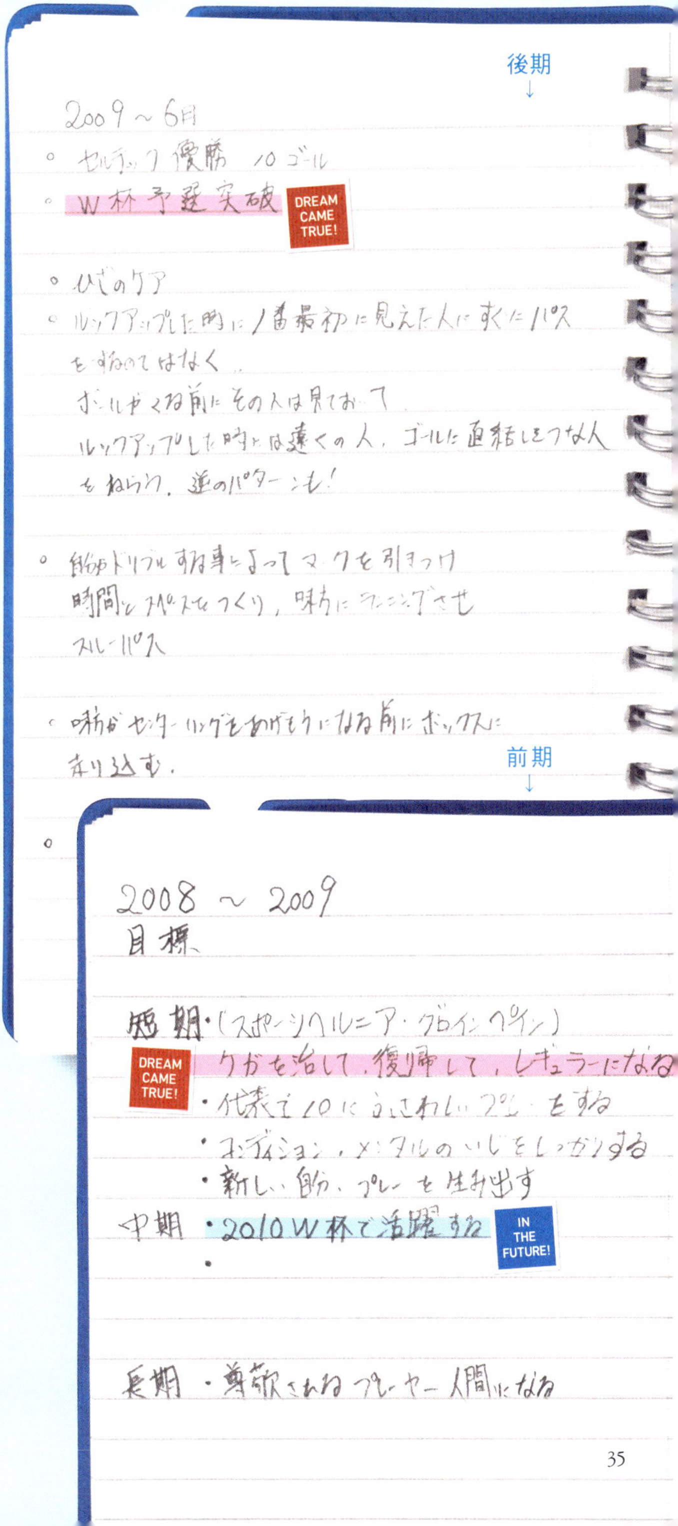

後期↓

2009～6月
○ セルティック優勝 10ゴール
○ W杯予選突破 DREAM CAME TRUE!
○ ひざのケア
○ ルックアップした時に1番最初に見えた人にすぐにパスをするのではなく、
ゴールがくる前にその人は見ておいて
ルックアップした時には遠くの人、ゴールに直結しそうな人をねらう。逆のパターンも！
○ 自分がドリブルする事によってマークを引きつけ
時間とスペースをつくり、味方にランニングさせ
スルーパス
○ 味方がセンターリングをあげそうになる前にボックスに走り込む。
○

前期↓

2008～2009
目標
短期・(スポーツヘルニア・グロインペイン)
DREAM CAME TRUE! ケガを治して、復帰して、レギュラーになる
・代表で10にふさわしいプレーをする
・コンディション、メンタルのいじをしっかりする
・新しい自分、プレーを生み出す
中期・2010W杯で活躍する IN THE FUTURE!
・
長期・尊敬されるプレーヤー人間になる

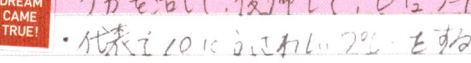

第2章
writing

書き方

ノートの中のゲームに関する記述の仕方には、いくつかの法則がある。
主に、俊輔が18歳の時に参加したアジアユース選手権のゲームを
追いながら、ノートの書き方を分析すると、見えてくるものがある。

俊輔ノートの書き方

―この章の見方―

赤字 → **試合前に書くこと**
ミーティングの内容／フォーメーション

青字 → **試合後に書くこと**
スコア／自己採点／試合後の反省
次に向けての課題／試合中有効だったシーン

～俊輔が初めて書いたサッカーノート～
1995年 第74回全国高等学校サッカー選手権神奈川県予選

Date 11/16
日付　　　対戦相手

試合全体の自分の点数を10段階でつける — 4.0

gameの反省（横浜東）

① 攻play ＋ → ボールが足についてドリブルができた。
　　　　　－ → パスをくれる前に回りを見てない、ボールの持ちすぎ、シュートが不正確
　　　　　　　　運動量が少ない。

攻撃面の良かったところ（＋） 悪かったところ（－）
攻撃面の自分の点数を10段階でつける — 5/10

② 守play ＋ → 相手の動きが見えた。
　　　　　－ → スタートが遅かった。相手についていってなかった。

守備面の良かったところ（＋） 悪かったところ（－）
守備面の自分の点数を10段階でつける — 4/10

③ 次のgameの課題
・運動量をふやす。
・ボールのくる前に回りを見る。
・あずけるところはかんたんにやる。
・いつも同じプレーをする。
・自分の仕事をやる。

試合後の反省点と課題

④ 球技場対策
・良　精神的に落ちついた
・悪　ない

試合会場での自分の状態

1995年 第74回全国高等学校サッカー選手権

全国都道府県代表の高校サッカー部が、ナンバーワンを決める大会。試合はトーナメントで行われる。
1995年、神奈川県代表として出場した桐光学園は1回戦で福岡県代表の東福岡と当たり、1-2で敗れた。

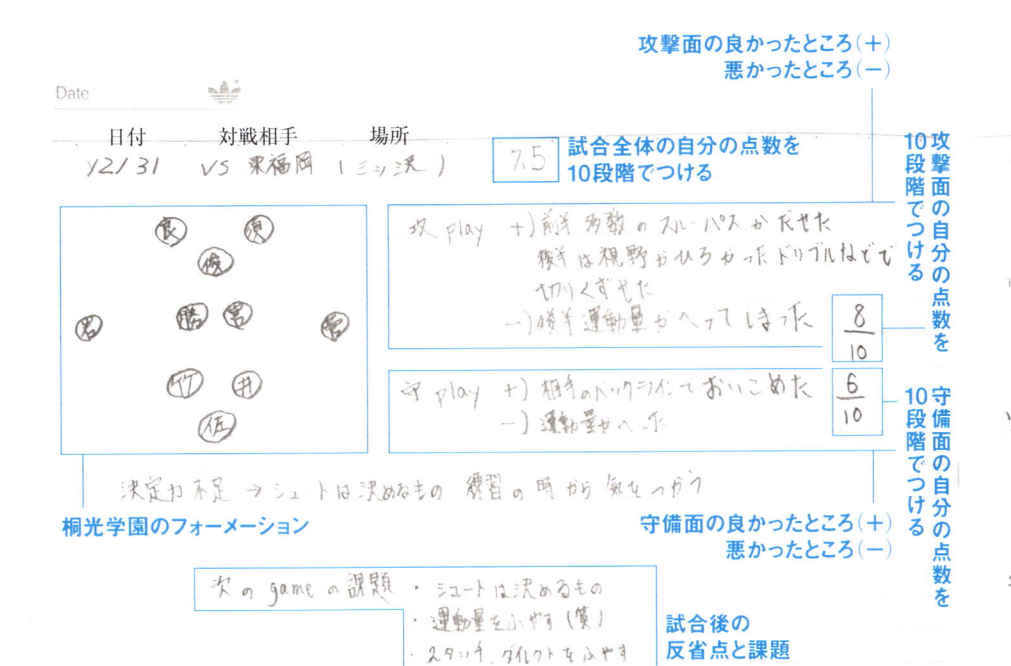

攻撃面の良かったところ(＋)　悪かったところ(－)

日付　対戦相手　場所
12/31　vs 東福岡（三ツ沢）

試合全体の自分の点数を10段階でつける：**7.5**

桐光学園のフォーメーション：
良　員
俊
巴　勝　園　員
イア　井
佐

攻play
＋）前半 多数のスルーパスが出せた
　　後半は視野がひろがったドリブルなどで切りくずせた
－）後半 運動量がへってしまった

攻撃面の自分の点数を10段階でつける：**8/10**

守play
＋）相手のバックラインでおいこめた
－）運動量ヘ〜

守備面の自分の点数を10段階でつける：**6/10**

決定力不足→シュートは決めるもの 練習の時から気をつかう

守備面の良かったところ(＋)　悪かったところ(－)

次のgameの課題
・シュートは決めるもの
・運動量をふやす（質）
・2タッチ、ダイレクトをふやす
・最後まであきらめなし

試合後の反省点と課題

この年の東福岡はすごく強かった。古賀正紘さん、小島宏美さん、山下芳輝さん、生津将司さん、西政治さんとJリーガーになる選手が5人もいた。それでもゲームを支配したのは桐光だった。試合には負けたけれど、結果的に高い評価をもらった。

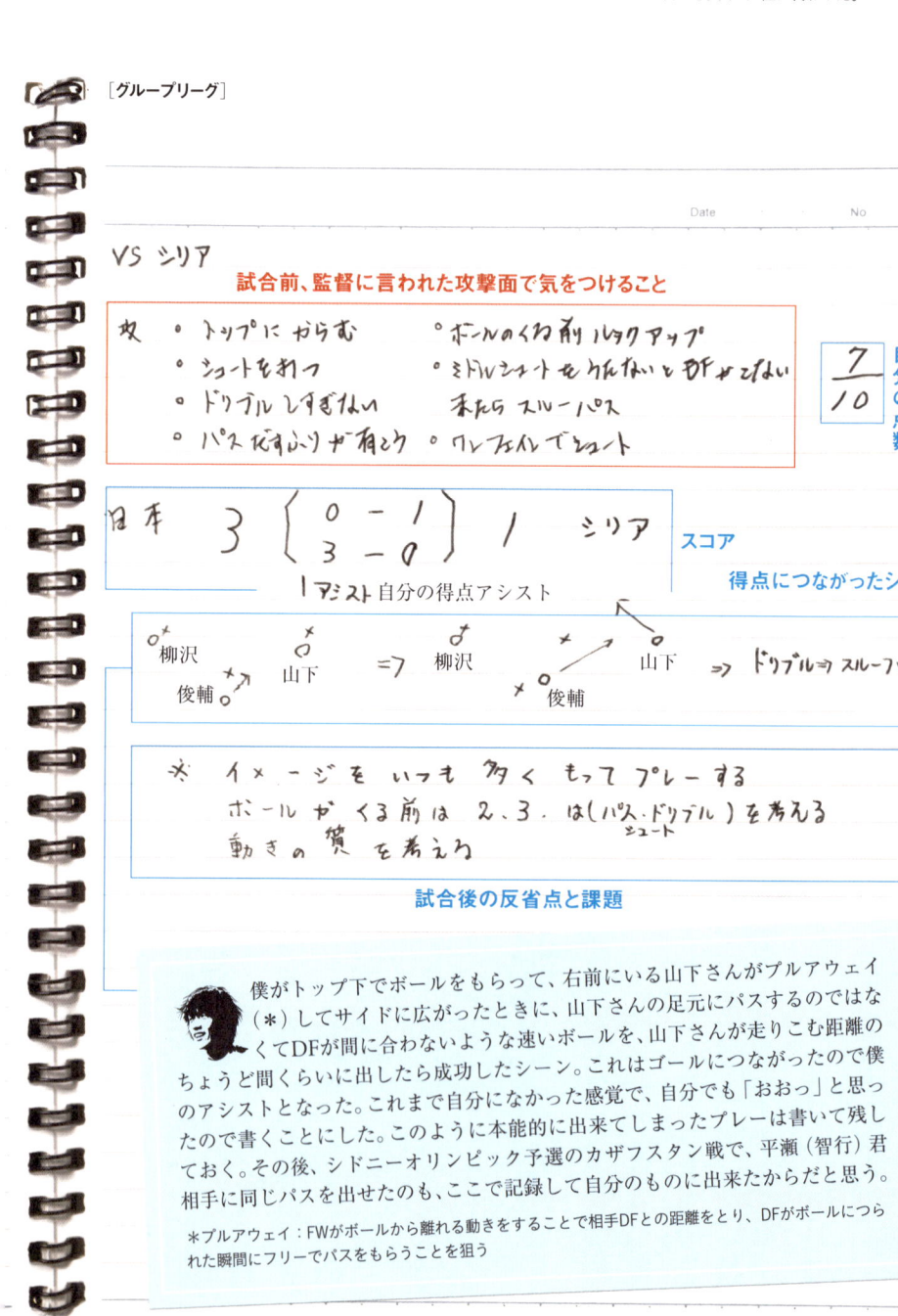

1996年 U-19 第30回アジアユース選手権

アジアサッカー連盟が主催する、19歳以下のナショナルチームによる大会。優勝チームと上位数チームが、翌年行われるU-20 FIFAワールドユース選手権の出場権を得る。1996年は韓国で開催され、山本昌邦監督率いる日本はシリア、中国、カタール、インドとグループリーグを戦い、準決勝で韓国に敗れ、UAEとの3位決定戦にも負けて4位に終わった。

[グループリーグ]

VS シリア

試合前、監督に言われた攻撃面で気をつけること

攻
- トップにからむ
- シュートを打つ
- ドリブルしすぎない
- パスを振りが有効
- ボールのくる前ルックアップ
- ミドルシュートをうたないとDFさがらない
- 外からスルーパス
- ワンツーからシュート

試合全体の自分の点数 7/10

日本 3 { 0-1 / 3-0 } 1 シリア　**スコア**

1アシスト　自分の得点アシスト

得点につながったシーン

柳沢 → 山下 ⇒ 柳沢 × → 山下 → ドリブル ⇒ スルーパス
俊輔　　　　　　俊輔

※ イメージをいつも多くもってプレーする
　ボールがくる前は 2、3 は（パス・ドリブル・シュート）を考える
　動きの質を考える

試合後の反省点と課題

僕がトップ下でボールをもらって、右前にいる山下さんがプルアウェイ（*）してサイドに広がったときに、山下さんの足元にパスするのではなくてDFが間に合わないような速いボールを、山下さんが走りこむ距離のちょうど間くらいに出したら成功したシーン。これはゴールにつながったので僕のアシストとなった。これまで自分になかった感覚で、自分でも「おおっ」と思ったので書くことにした。このように本能的に出来てしまったプレーは書いて残しておく。その後、シドニーオリンピック予選のカザフスタン戦で、平瀬（智行）君相手に同じパスを出せたのも、ここで記録して自分のものに出来たからだと思う。

*プルアウェイ：FWがボールから離れる動きをすることで相手DFとの距離をとり、DFがボールにつられた瞬間にフリーでパスをもらうことを狙う

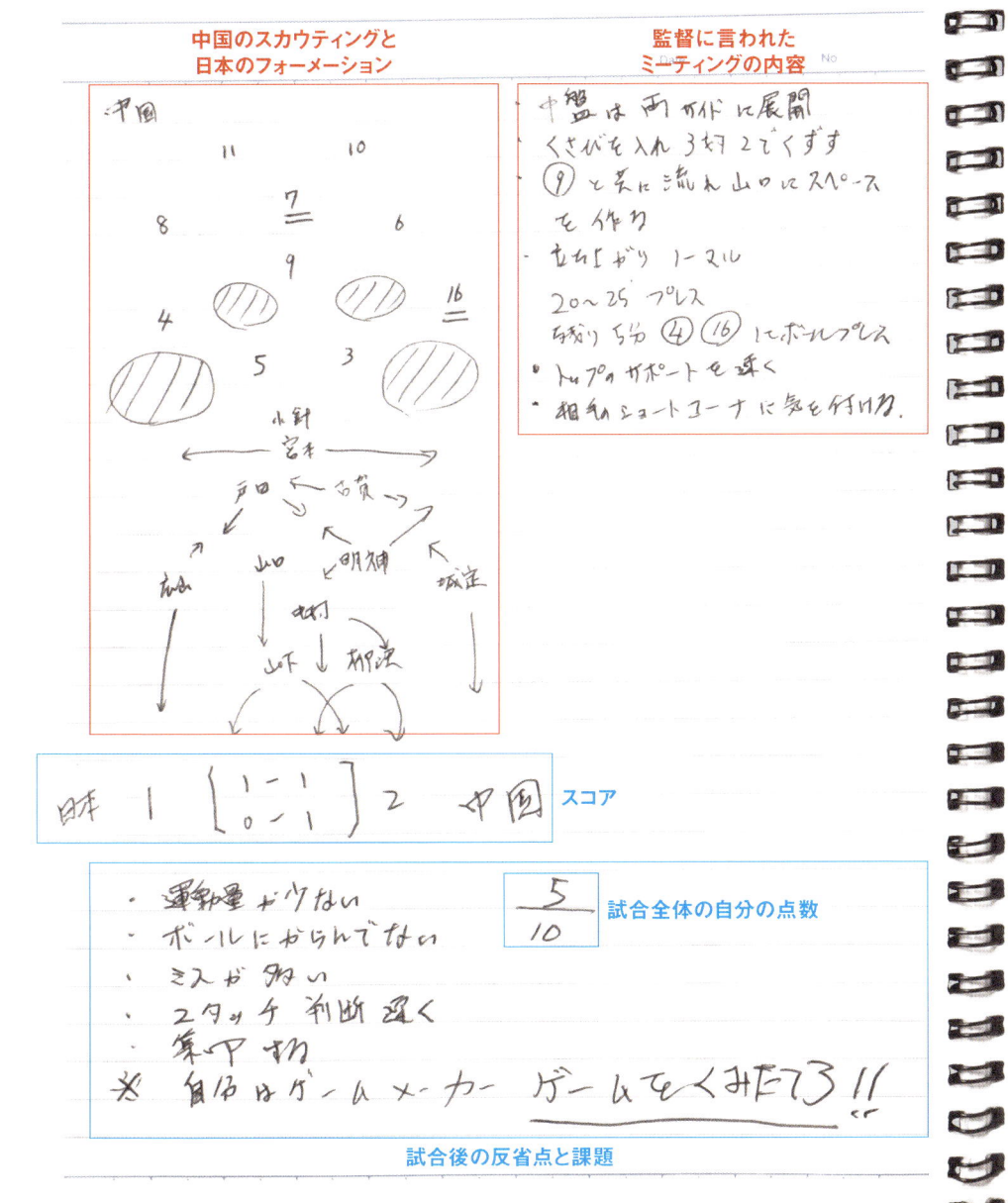

U-19 第30回アジアユース選手権
[グループリーグ]

中国のスカウティングと日本のフォーメーション

中国
11 10
8 7 6
9
4 16
5 3

小針
宮本
戸田 ← 古賀 →
↙ ↓ ↘
柳沢 山口 城定
↓ ↓
山下 柳沢

監督に言われたミーティングの内容

・中盤は両サイドに展開
・くさびを入れ3対2でくずす
・⑨と共に流れ山口にスペースを作る
・もち上がり1－マル
　20～25 プレス
　残り 5分 ④ ⑯ にボールプレス
・トップのサポートを早く
・相手のショートコーナーに気を付ける

スコア

日本 1 [1－1 / 0－1] 2 中国

試合全体の自分の点数

5/10

試合後の反省点と課題

・運動量が少ない
・ボールにからんでない
・ミスが多い
・タッチ 判断 遅く
・築や物
※ 自分はゲームメーカー　ゲームをくみたてる!!

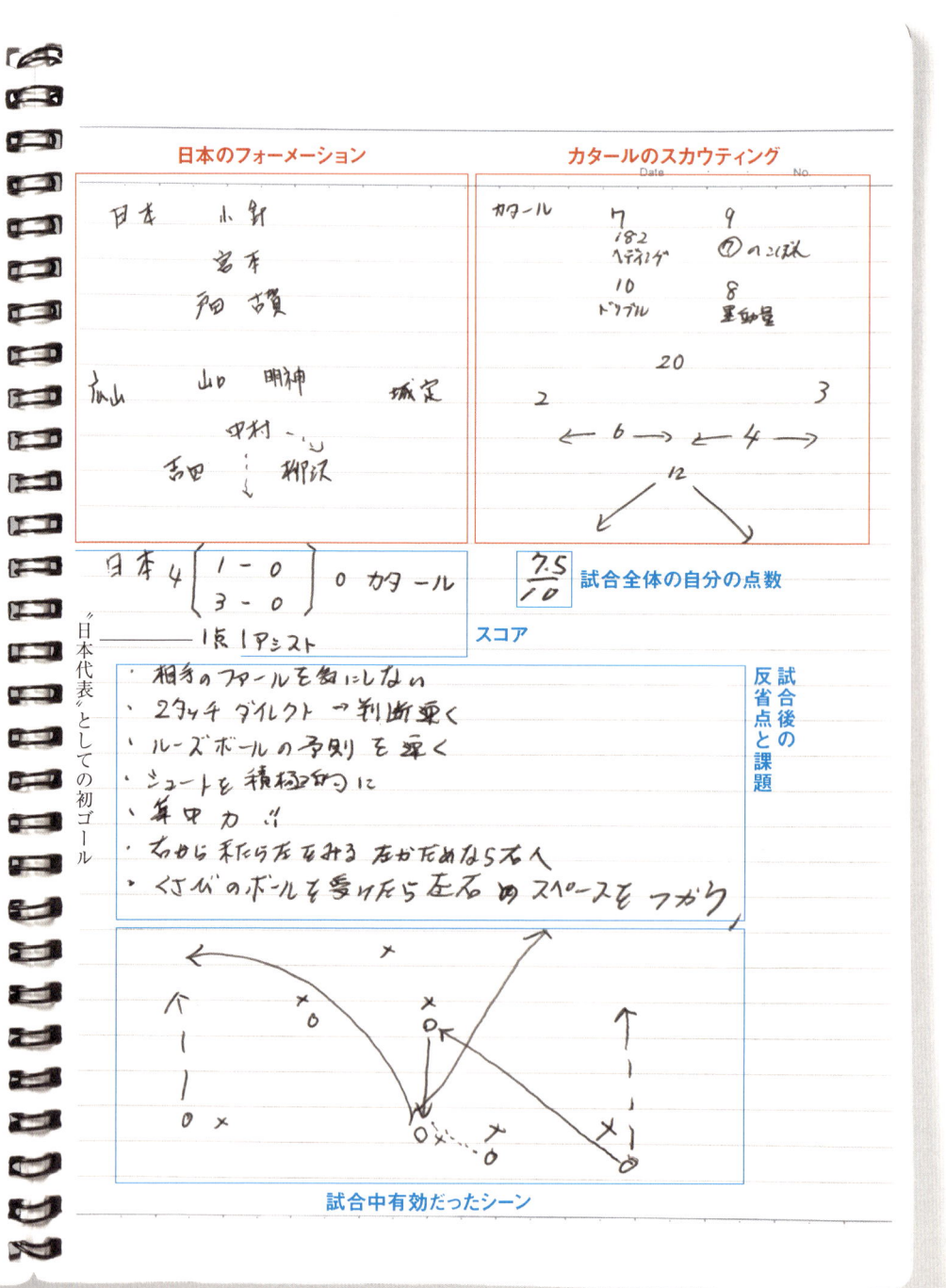

U-19 第30回アジアユース選手権
[グループリーグ]

日本のフォーメーション

日本　小針
　　　宮本
　　　戸賀
　山口　明神　　城定
　　　中村
　吉田　　柳沢

カタールのスカウティング

カタール　7　　　　9
　　　　182　　　①のっぽ
　　　ヘディング
　　　　10　　　　8
　　　ドリブル　　黒助屋
　　　　　20
　　2　　　　　　　3
　　　←6→　←4→
　　　　　　12

日本 4 [1-0 / 3-0] 0 カタール
　　1点 1アシスト

スコア

7.5/10 試合全体の自分の点数

"日本代表"としての初ゴール

試合後の反省点と課題

・相手のファールを気にしない
・2タッチ ダイレクト → 判断早く
・ルーズボールの予測を早く
・シュートを積極的に
・集中力!!
・右から来たら左を見る 左がだめなら右へ
・くさびのボールを受けたら左右のスペースをつかう

試合中有効だったシーン

U-19アジアユース選手権のメンバー

GK 小林弘記／小針清允／山口哲治
DF 宮本恒靖／西政治／大石玲
　　城定信次／古賀正紘／戸田和幸
MF 広山望／御厨景／藤本主税
　　明神智和／長田道泰／山口智／中村俊輔
FW 吉田孝行／柳沢敦／福田健二／山下芳輝

俊輔よりもひとつ上の年代で、すでにJリーグの選手だったメンバーを中心に構成されたチーム。高校生だった俊輔はその中でトップ下を任され、5戦連続先発で試合に出場した。5試合目の韓国戦で50分に負傷交代するも、2日後の3位決定戦では、1-2と劣勢になったところで途中出場した。

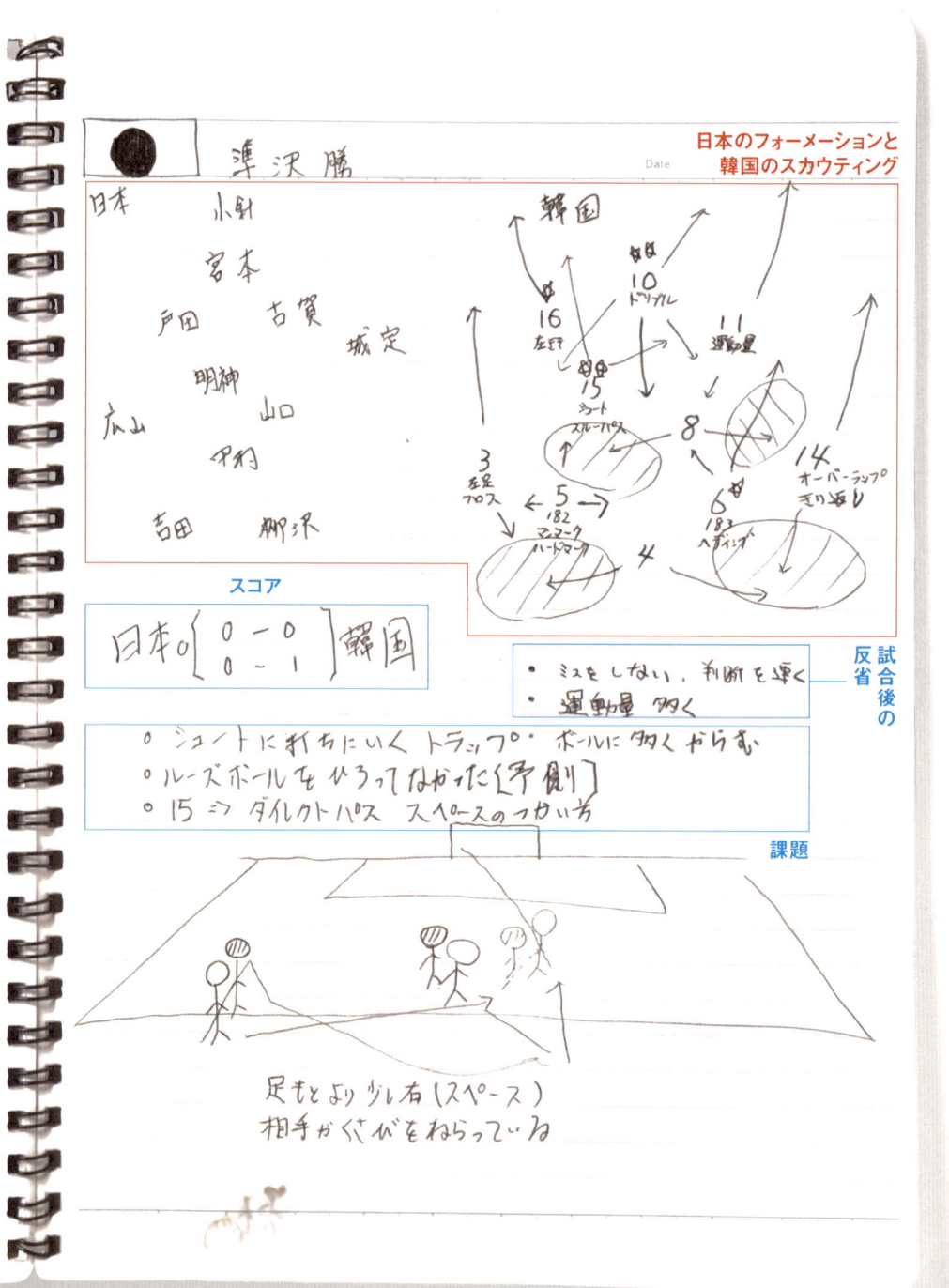

U-19 第30回アジアユース選手権
[準決勝]

準決勝

日本のフォーメーションと韓国のスカウティング

日本　小針
　　宮本
　戸田　古賀　城定
　　　明神
広山　　　山口
　　伊東
　吉田　柳沢

韓国
16 左足 / 10 ドリブル / 11 運動量
15 シュート スルーパス / 8 / 14 オーバーラップ きり返し
3 足 クロス / 5 182 マンマーク ハードマーク / 6 183 ヘディング / 4

スコア

日本 [0－0 / 0－1] 韓国

試合後の反省
- ミスをしない、判断を早く
- 運動量 多く

課題
- シュートに打ちにいく トラップ・ボールに多くさわる
- ルーズボールをひろってなかった [予測]
- 15 ⇒ ダイレクトパス スペースのつかい方

足もとより少し右（スペース）
相手がくさびをねらっている

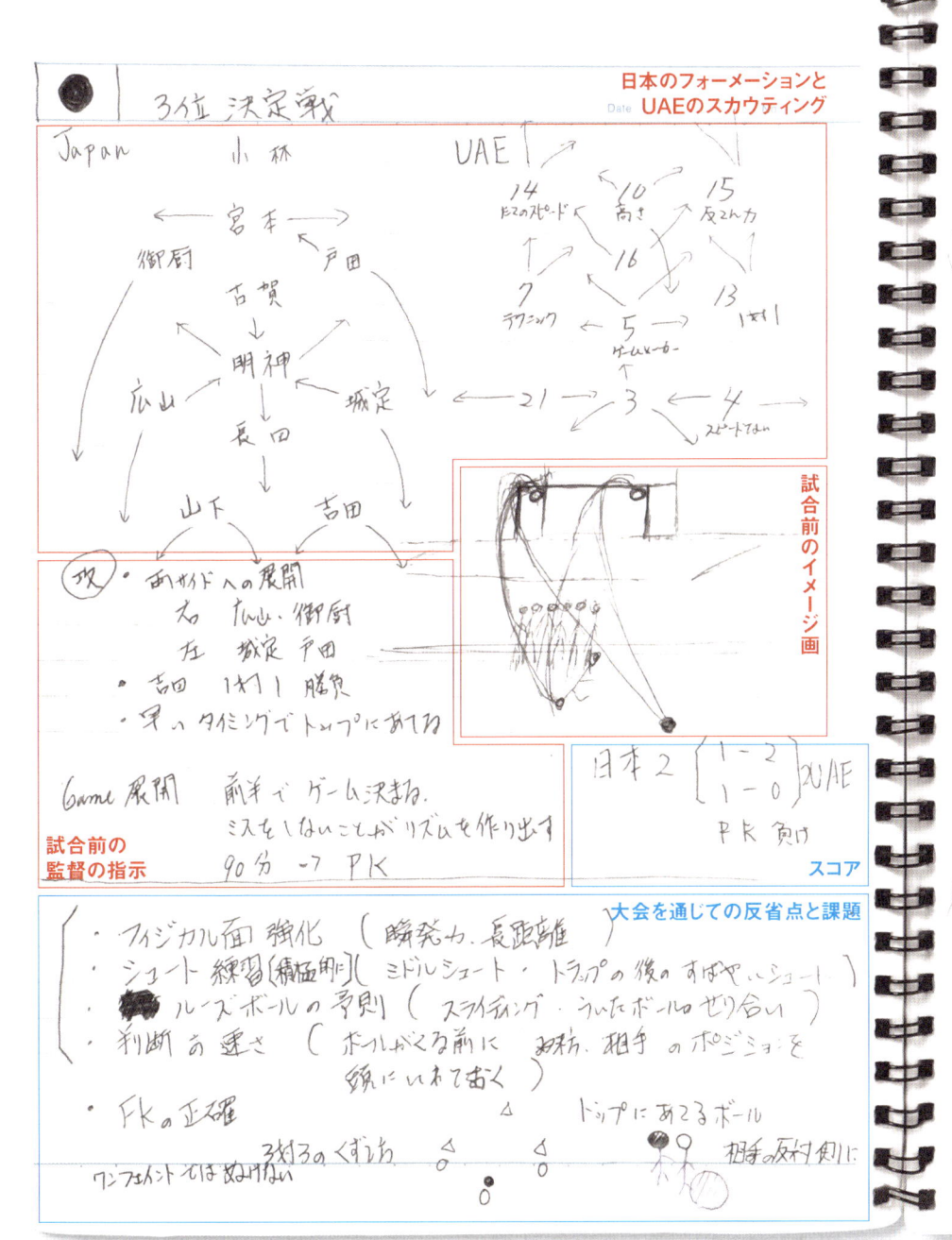

U-19 第30回アジアユース選手権
［3位決定戦］

3位決定戦

日本のフォーメーションと UAEのスカウティング

Japan　小林　　　　UAE
　　　← 宮本 →　　　　　14　　10　　15
御厨　　　　　戸田　　　 トラのスピード 高さ 反こん力
　　　　古賀
　　　　 ↓　　　　　　　　　　16
　　　明神　　　　　　　7　　　　　　13
広山　　　　　城定　　 テクニック　5　　1対1
　　　　長田　　　　　　　　ゲームメーカー
　　　　　　　　　　　　　　↑
　　　山下　　吉田　　　21 ← 3 ← 4
　　　　　　　　　　　　　　　　スピードない

攻・あ サイドへの展開
　　右　広山・御厨
　　左　城定 戸田
・吉田　1対1 勝負
・早いタイミングでトップにあてる

試合前のイメージ画

Game展開　前半でゲーム決まる．
　　　　　ミスをしないことがリズムを作り出す
　　　　　90分 → PK

試合前の監督の指示

日本 2 [1-2 / 1-0] UAE
　　　PK負け

スコア

大会を通じての反省点と課題

・フィジカル面 強化（瞬発力、長距離）
・シュート練習（積極的に）（ミドルシュート・トラップの後のすばやいシュート）
・ルーズボールの予測（スライディング・うったボールのせり合い）
・判断の速さ（ボールがくる前に 味方、相手のポジションを頭にいれておく）
・FKの正確　　　　　　　△　　トップにあてるボール
　　　　3対3のくずし方　〇　〇
ワンフェイントでは ぬけない　　〇　　相手の反対側に

1996年	日本高校選抜 ヨーロッパ強化遠征	
1997年	横浜マリノス Jリーグ 第1〜7節	
1997年	U-20 第9回FIFAワールドユース選手権	
2000年	日本代表 国際親善試合 対中国／対スロバキア	
2000年	日本代表 第3回ハッサン二世国王杯 対フランス	
2000年	横浜F・マリノス Jリーグチャンピオンシップ 対鹿島アントラーズ	
2000年	U-23 シドニーオリンピック 対南アフリカ／対ブラジル	
2001年	日本代表 国際親善試合 対フランス	
2002年	レッジーナ セリエA 対ペルージャ／対ブレッシア	
2003年	レッジーナ セリエA 対インテル／対ユベントス／対ピアチェンツァ／対ローマ	
2004年	レッジーナ セリエA 対ペルージャ／対シエナ／対アンコーナ	
2006年	セルティック スコットランド・プレミアリーグ プレシーズンマッチ 対エバートン	

第3章 │ 極意 ❷
game
ゲーム

11冊のノートの中から、俊輔が大きな刺激を
受けたゲームを中心にピックアップした。
ページをめくっていくごとに成長が感じられる。

2006年	セルティック スコットランド・プレミアリーグ 対レンジャーズ／対ダンディー・ユナイテッド	
2006年	セルティック UEFAチャンピオンズリーグ 対マンチェスター・ユナイテッド	
2007年	セルティック UEFAチャンピオンズリーグ 対ACミラン	
2007年	日本代表 国際親善試合 対ペルー	
2008年	セルティック UEFAチャンピオンズリーグ 対バルセロナ	
2008年	日本代表 ワールドカップ南アフリカ アジア3次予選 対オマーン	
2008年	セルティック UEFAチャンピオンズリーグ 対ビジャレアル	
2008年	日本代表 ワールドカップ南アフリカ アジア最終予選 対ウズベキスタン　対カタール	
2008年	セルティック スコットランド・プレミアリーグ 対セントミレン	

47

17歳

1996年 第56回ベリンツォーナ国際ユース大会
日本高校選抜ヨーロッパ強化遠征

全国高校サッカー選手権大会の優秀選手で構成される選抜チームが、隔年でスイスかドイツで開かれる国際ユースサッカー大会に参加する。1973年から続いているこの遠征で初めてこの年優勝を成し遂げた。

WIN 3/30 vs バイヤーレバークーゼン（ドイツ） 3-0

勝っても負けてもありがとう
相手がいるから真剣にできる

選抜チームの監督は、暁星高校サッカー部の林義規先生だった。林先生は、サッカーの技術面だけでなく精神面にわたる様々なことを教えてくれた。先生が言ったこの言葉の意味は、相手がいてこそ上達できるのだから、相手をリスペクトしなくてはならない、だからこそ曖昧な気持ちではなく100％で相手にぶつかっていけ、ということだった。

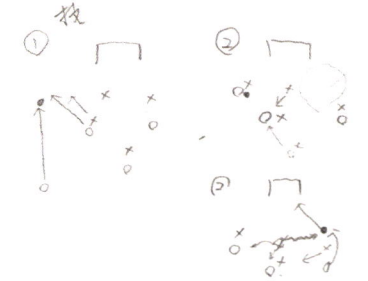

4/1　vs ドルトムント　2-0　WIN

攻 +)
ー) 相手が左から来ているときは右のアウトサイド
　俺に相手がいる時 しっかりキープする
　判断をはやくする

守 +)
ー) 自分のところにこないだろう という
　ディフェンスはしない。
　一対一は両足をつける
　せるところはしっかりせる

4/2　vs ダウンカーアカデミー (オルピダ)　4-0　WIN

攻 +) 自分がいいパスを出せたりし つなぎにはいって
　ただという時 動け出す。
　2タッチ
ー) 中盤では とられない
守 +) 始めは守から 守りをしっかりやれば
　いい攻めができる。守備はまじめやる
ー) 一人で守らない。リベロをうまくつかって
　カバーし、2対1の場面をつくりおいても。

アップは大切. 筋肉を温めてから
ストレッチ ダッシュする
必ず 全力ダッシュをいれる きりかえし

おはよう ボンジョル)
ありがとう グラッチェ
つない ボー)

17歳
**日本高校選抜
ヨーロッパ強化遠征**

「自分はまだまだ上がある」

高校2年生で初めて出場した高校サッカー選手権。桐光学園は1回戦で東福岡とあたり1−2で負けてしまった。それでも、選手権終了後、優秀選手に選ばれてスイス、ベリンツォーナに遠征することになった。僕にとっては初めての全国レベルでの選抜チーム。3年生が多いチームということもあって、出場できたのはトーナメントに入る前の試合だけだったが、学ぶことは多かった。ドイツの選手は体が大きくてガツガツ向かってきたが、日本の選手のほうが速くて俊敏で上手かったから勝てた、という印象が強い。ノートはまだ書き始めたばかりだったけど、毎日得るものがあったので、ベンチにいながらも気がついたことは何でも書いていた。

**ボールが来る前に
まわりを見て予測し対応する**

これは、サッカーでは基本的なことだけど、非常に重要なことなので今に至るまで何度も書いている。周りのスピードが速くなってくるとこの動作も容易ではなくなるので、僕はいつも忘れないようにしている。

・相手がつかないなら みかたを大切にして (しがら) これにする
②1人目に出すとみせかけて 2人目
　日相手のプレッシャーがきついときのドリブルは(にせのドリブル)は アウトサイドで
②ボールがくる前にまわりを見て よそくしたい応する

心 くるしい時こそ 手をわけ合う!!

LOSE 4/6 トーナメント 2回戦 VS インテルミラノ 0-2

北 右
大 砂江
　　田
小 西川 侑
　　楠

・ラインぎわでのボールの
もち方を注意する

・国際試合の戦い方を 手本 としている
　おくしつな ラフプレー ではなく オールで もっていったりする
・スライディングが 深い
・トップとディフェンスラインが ひらきすぎ
・1ミスをすると ゴール前までいく
　ミスを 連続 しない → ボールがくる前に 目を見ておく
・こぼれ球を支配すると ゲームもラクになる
・中盤はかんたんにつなぐ 2タッチ ダイレクト → ボールくばり →
　→ そのスペースに相手よりはやくはいる
・決めるところできめた方がかつ
・故 相手をおってても すきすぎなく
　だいたいで プレーしない
　ミスが多いのが まける
　相手にとられないキープのしかた
・右足を使う = テクニックが よわせる

上達が はやくなる
　　↓
すなおなやつ

4/7 トーナメント 3回戦 F(ルガ) 5-0 **WIN**

・点差 つけないと リーグ1位にはなれない条件だ
　5-0 で勝った。 あきらめないこと!!

・ゴールは あたりまえ て でげに しない。
・はやい判断が必要 タッチがはやい もちすぎない
・1対1の勝負は ペナ内近くになってから勝負。

4/8 決勝戦 2-0 **WIN**

・守りから攻めのきりかえが 早かった。
・セットプレーの重要性
・後ろの アフタープレーが多く 早いので
　ボールがくる前にイメージして 1タッチ, 2タッチ ぐらいのイメージをもっておく。

**右足を使う→
神経通わせろ**

左利きの僕にとって、右足の技術向上は重要課題だった。「右足の細かい技術は、僕は出来ないから」と言って済ますのではなくて、左足のボールさばきを相手に読まれないためにも必要だと考えて、左足と同じように蹴れる練習をしていた。タオルを右足の指で掴んで自分のほうに手繰り寄せ、ふくらはぎと脛に筋肉をつける練習などもあったけど、ここで言っているのは技術的なこと。この頃に比べたら現在は右足も格段に使えるようになった。

18歳

1997年 横浜マリノス[初得点]
Jリーグ 第1〜7節

Jリーグ

WIN 第1節 浦和レッズ 3-2

　　　　城さん
山田さん　上野さん（手がけ）　犬くん（私田）
　　　　バルディ
　遠藤　　野田
　　小村　健
　　　　井原

○ 中盤でボールをとられない
　ミスは多くこない。

○ ミスするのも恐れない
○ 恐れ続ければミスも多くなる
○ ボールのくる前にルックアップ
○ 体は気で動く
○ ミスでも積極的なミスの方が
　次につながるし、ミスに見えない
○

LOSE 第2節 ガンバ大阪 (ミッサワ) 0-4

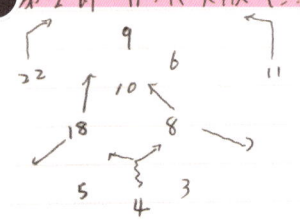

　　　　9
　22　　　6　　11
　　　10
　　18　　　8
　　　5　　3
　　　　4

○ 10・6は横にならばない
○ 22-11は1対1は突破
○ カベの前にはたたせない
○

WIN 第3節 ヴェルディ川崎 (等々力) 2-2 PK 4-2 (後半30分→延長)

　　　9
　11　　　22
　　　6
　　8　　　15
　健5　　4　3

○ 負けるくらいならおもいきり
○ 攻・守の

解説

サポーターらが皆、彼に期待を寄せた

桐光学園を卒業し、横浜マリノス（現・横浜F・マリノス）に加入した中村俊輔は「今季のJリーグの目玉」と言われていた。当時の監督、アスカルゴルタを初め、キャプテンの井原正巳、マスコミ、サポーターらが皆、彼に期待を寄せた。3月8日のナビスコカップ開幕戦（対ヴェルディ川崎／現・東京ヴェルディ）でプロデビューを果たすと、リーグ戦では第2節ガンバ大阪戦に初出場。第4節京都パープルサンガ戦では0-1で負けている状況で後半から出場し、3アシストでチームの逆転勝利に貢献した。それは大型新人中村俊輔の将来性を物語るに充分なインパクトがあった。待望の初得点は第6節ベルマーレ平塚戦で訪れる。後半41分、右45度の角度から23メートルのフリーキックを決めた。俊輔のフリーキックはその後、マリノスを、日本代表を幾度も救うことになる。

初ゴール

プロに入った最初の年は、毎節必ずサッカーノートをつけていた。当時のマリノスには日本代表を経験した選手がたくさんいて、刺激があった。第1節には出られなかったけど、試合を見るだけでも得るものがたくさんあった。平塚戦での初ゴールはもちろん覚えているけど、試合はすでに1-4で離されていたときの2点目だったし結果的に負けてしまったので、嬉しいという気持ちはなかった。

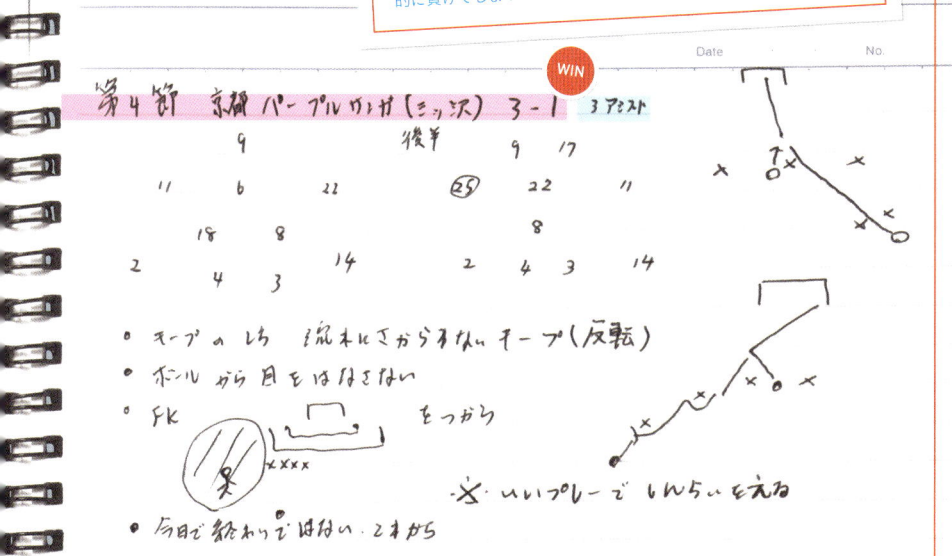

第4節 京都パープルサンガ(ニッパ沢) 3-1 `WIN` 3アシスト

```
        9              後半      9   17
   11   6     22      ㉕    22     11
      18   8              8
  2    4   3    14    2    4   3   14
```

- キープのしかた 流れにさからわないキープ(反転)
- ボールから目をはなさない
- FK ～をつかう
- 今日で終わりではない。これから

第5節 ジェフ市原 2-1 `WIN`
   9 11
- ボールのくる前の判断とイメージ

`LOSE` **第6節 2-4 負 1得点 ベルマーレ平塚**
     9   17   <後半から>
  11   22   18   ミスつメンタル いいイメージ
        8
  2   4   5   14

`WIN` **第7節 清水エスパルス(日本平) 2-1** {0-0 / 1-1 / Vゴール}
       7   <残30分> 気持ちを高め自分のいいプレーのイメージだけ
  22   9   11   を持ってやる。ミスをしても「次はやる」という
      10 8   気を持って前向きに。
     (25)

19歳 1997年 U-20
第9回FIFAワールドユース選手権

6月16日から7月5日までマレーシアで開催されたU-20（20歳以下）ナショナルチームによる世界選手権。山本昌邦監督率いる日本代表は準々決勝で敗退した。

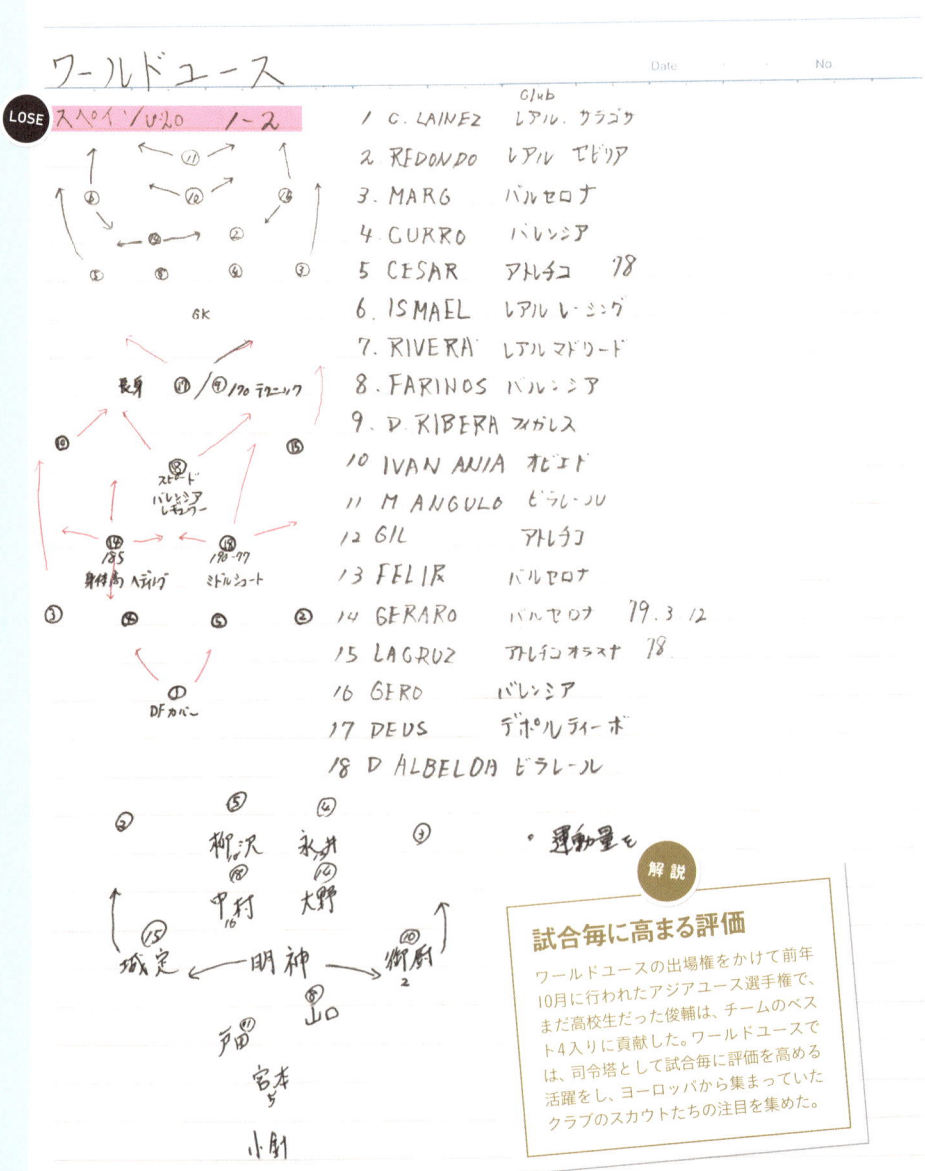

ワールドユース

LOSE スペイン/U20 1-2

#	選手	Club
1	C. LAINEZ	レアル・サラゴサ
2	REDONDO	レアル・セビリア
3	MARG	バルセロナ
4	CURRO	バレンシア
5	CESAR	アトレチコ 78
6	ISMAEL	レアル・レーシング
7	RIVERA	レアル・マドリード
8	FARINOS	バレンシア
9	D. RIBERA	フィガレス
10	IVAN ANIA	オビエド
11	M ANGULO	ビラレール
12	GIL	アトレチコ
13	FELIR	バルセロナ
14	GERARO	バルセロナ 79.3.12
15	LA CRUZ	アトレチコ オラスナ 78
16	GERO	バレンシア
17	DEUS	デポルティーボ
18	D ALBELDA	ビラレール

・運動量を

解説
試合毎に高まる評価

ワールドユースの出場権をかけて前年10月に行われたアジアユース選手権で、まだ高校生だった俊輔は、チームのベスト4入りに貢献した。ワールドユースでは、司令塔として試合毎に評価を高める活躍をし、ヨーロッパから集まっていたクラブのスカウトたちの注目を集めた。

「離されているかんじはしなかった」

僕にとって初めての世界大会出場となった。ひとつ上の先輩、宮本(恒靖)さんや柳沢(敦)さんと一緒にプレーするのは刺激的だった。スペイン、コスタリカ、パラグアイ、オーストラリア、ガーナと戦ったが、国によって戦い方が全く違うのは面白かった。世界の強豪国にすごく離されているというかんじはしなかった。スペイン代表のメンバー表を見て、ひとつしか年の変わらない選手がレアル・マドリー、バルセロナ、アトレチコなどビッグクラブに所属しているのを知り、「僕も1年後にはここに行かなくちゃいけない」という気持ちでノートに書き写していた。

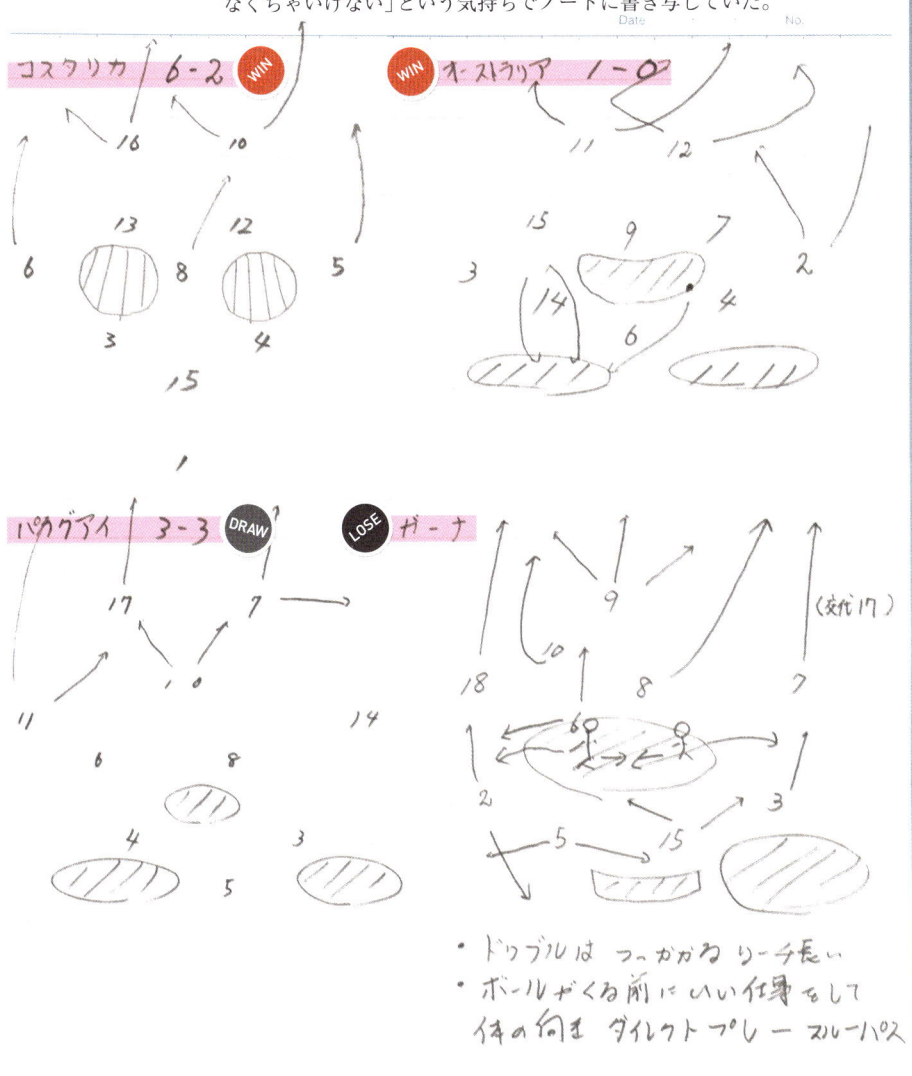

コスタリカ 6-2 WIN　　**WIN オーストラリア 1-0**

パラグアイ 3-3 DRAW　　**LOSE ガーナ**

- ドリブルは つっかかる／リーチ長い
- ボールがくる前に いい仕事をして
  体の向き　ダイレクトプレー　スルーパス

21歳 2000年 日本代表［対中国／対スロバキア］ 国際親善試合

> **解説**
> **ワールドカップを強く意識**
> ワールドユースの活躍で、日本代表入りも早いのではないかとメディアでは言われていたが、待望の日本代表デビューは2000年2月13日のシンガポール戦となった。この年は、夏にシドニーオリンピックも控えており、俊輔はオリンピック代表（23歳以下）と日本代表を掛け持ちしていた。ワールドカップ日本／韓国まであと2年という時期でもあり、21歳の彼はそれを強く意識していた。

A代表
　　　　DRAW VS 中国

○ 途中出場 だったら
　アグレッシブに行く　アップを充分する
　センタリング　スルーパス　1対1　ポジションチェンジ

○ アピールする　レギュラーになる

　　城　　　　中山

　　　小野　　　中田
名波
　　　　　稲本
　　　　　　　　　　望月
　中田　　　森田　　森岡

> **まだ2年ある、2年しかない**
> まだ21歳と言い聞かせているけれど、試合にはすでに年下の伸二（小野）やイナ（稲本潤一）が出ていて、僕は焦っていた。後半から出場したんだけど、いい動きが出来て、望月（重良）さんの頭にピンポイントでパスを出し、シュートチャンスを作ることが出来た。

・パサーが多い分 とびだし がない 遅攻になってしまう
・FWのくびの後の とびだし がない
・瞬発力をつける　筋トレを考える
　（速く）
・まだ2年ある 2年しかない　Jリーグ 1試合 1試合
大切に　1日 1日 練習に集中　21歳
ベテランと一緒のことをしているか　精　精

DRAW スロバキア 1-1

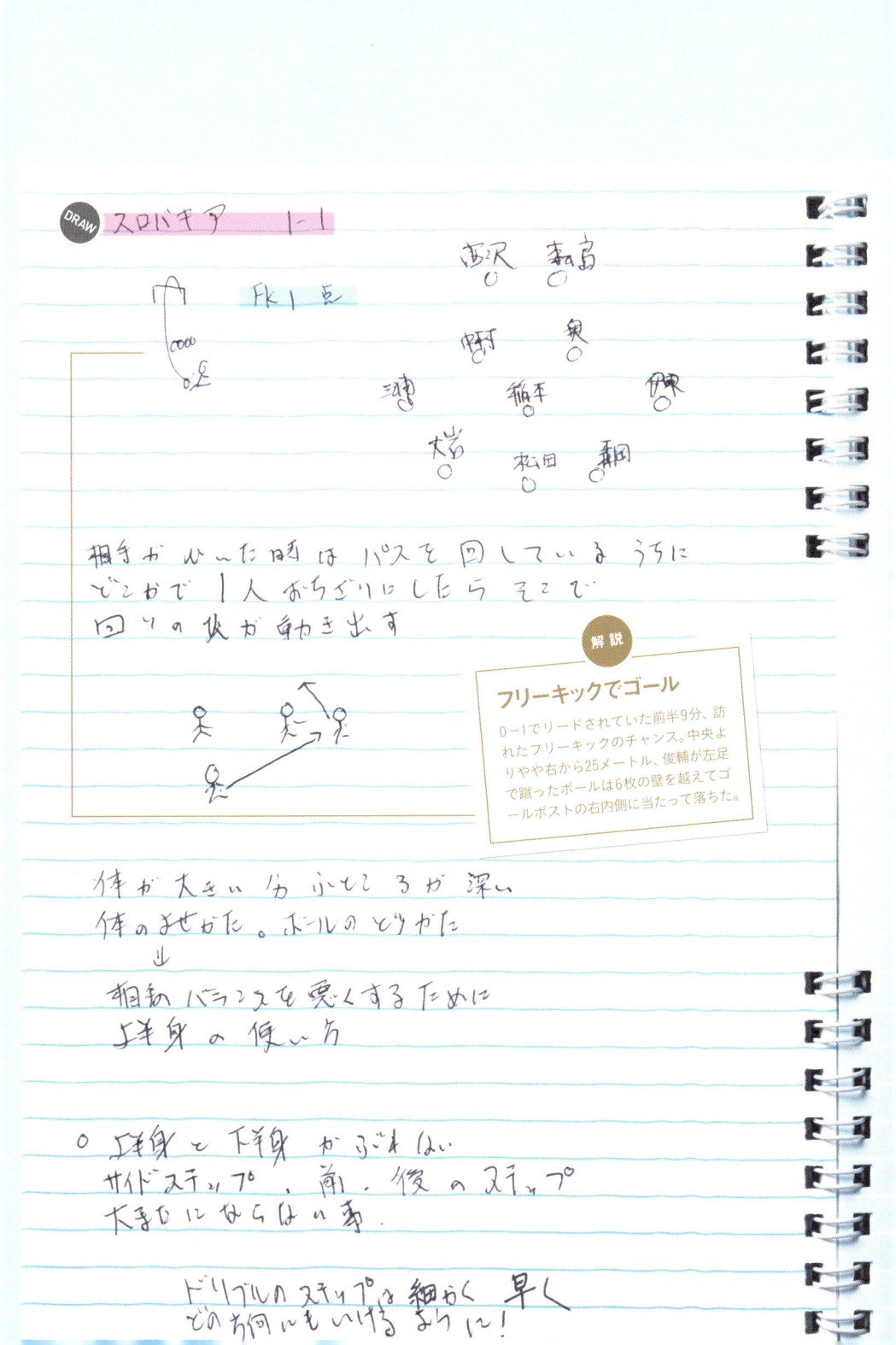

FK 1点

驚沢 興梠

野 奥

濱 稲本 闘

楢 松田 駒

相手が引いた時はパスを回しているうちに
どこかで1人おとりにしたらそこで
周りの奴が動き出す

> **解説**
> **フリーキックでゴール**
> 0-1でリードされていた前半9分、訪れたフリーキックのチャンス。中央よりやや右から25メートル、俊輔が左足で蹴ったボールは6枚の壁を越えてゴールポストの右内側に当たって落ちた。

体が大きい分ふところが深い
体のよせかた。ボールのとりかた
　　　↓
相手バランスを悪くするために
上半身の使い方

○ 上半身と下半身 がぶれない
サイドステップ、前・後のステップ
大まかにならない事。

ドリブルのステップは細かく 早く
どの方向にもいけるように！

21歳 2000年 日本代表［対フランス］
第3回ハッサン二世国王杯

モロッコで開催される国際トーナメント。この年は6月4〜6日に日本、モロッコ、フランス、ジャマイカの4チームで戦った。日本は初戦でフランスと戦い2-2でPK戦の末敗れるも、3位決定戦でジャマイカに4-0で大勝した。

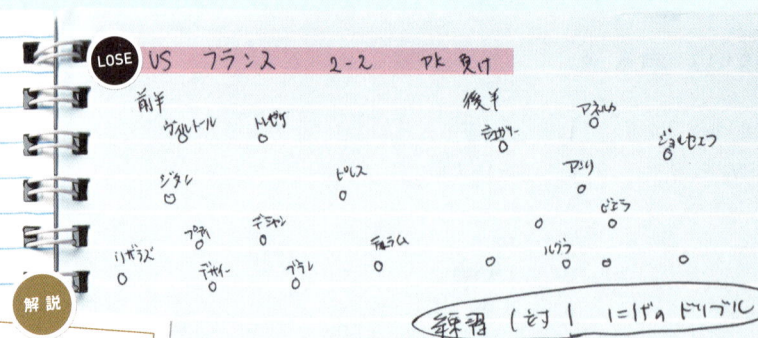

LOSE　vs フランス　2-2　PK負け

解説 / 2002に必ず出る

トルシエ監督の去就が噂されていた時期の試合だったが、日本は、98年のワールドカップ王者フランスに善戦、トルシエジャパンのベストゲームと言われた。俊輔は、名波浩、稲本潤一、伊東輝悦、中田英寿らと中盤を構成し、左サイドのポジションが定着しつつあった。

練習（対1 にげのドリブル）

相手は高い 分 間合いが広い
日本は低い 分 足さばき、フィジカル、顔出し、判断
をよくないと通じない
背負ったプレーでとられるな 自分から背を向けるな！
プレスに行く・止まる・前・後・横の更い動きをよくみる

ゴール前の判断・（シュート練習 ダイレクト）（強いシュート）

パス ダイレクト 2タッチが多い すぐサポート 6割で戻って
7.8割でサポートして 9.10割で勝負の動き
（1対1・ドリブル）

コンパクトにボールをまわす トップも下がる

・コーナーの失敗・センターリングの失敗
・シュートの失敗・背負ってとられた失敗

・コミュニケーション
・オープン
・いやみやねたみが
もんくい事やねたみが
自分は自分

・館の世界で通じないだろうとバで
きめてしたら了どまりになる。自分はやってやる
他の国でやる 気持ちで練習をする
2002に必ず出る とられない 克服する
とられても おりかえす事。おちても 上がる

フィジカル
食事・体重

世界王者との対戦を
前に書いた"決意表明"

相手は世界一 通じないことが大きいが
たくさん得るものがぜったいにある
この試合の後が勝負だ
自分がつく

2000年 横浜F・マリノス [対鹿島アントラーズ]
Jリーグチャンピオンシップ 22歳

Jリーグ1st.ステージの王者と2nd.ステージの王者が戦い、年間チャンピオンを決める試合。1993－1995年、1997－2004年の間実施されていた。この年は、12月2、9日にホーム&アウェーで開催され、鹿島アントラーズが年間チャンピオンに輝いた。

「どうしても勝ちたかった」

これはチャンピオンシップの前に書いた意気込みのようなもの。1st.ステージの優勝チームだったマリノスは、勢いのある2nd.ステージの覇者、アントラーズと戦うというのでモチベーションを保たなければならなかった。「どうしても勝ちたい」その気持ちがあまりにも強かったために、負けてしまったときには頭が真っ白になってしまった。

LOSE チャンピオンシップ vs 鹿島

- FWの近くでプレーする
- Wボランチの間とSB間に位置をとる マーカーにつかれない
- 攻めのこって 攻めのきてんになる ジダン
- FWをこえる動き

- ぜったい 4バックを こじあける
- 本島のスローイン
- ちゅーぶらりん
- ロングボールのつめ
- シュートでおれる
- クサビに反応
- ゴール前に顔を出す
- パスを受ける動きではなく シュートをうたせるウラ動き

22歳 シドニーオリンピック

2000年 U-23［対南アフリカ／対ブラジル］

各大陸別に予選を行い、通過した16チームが参加する。出場するには年齢制限があり、オリンピック開催年の1月1日時点で23歳以下の選手に資格がある。サッカー競技は9月13～30日まで開催された。

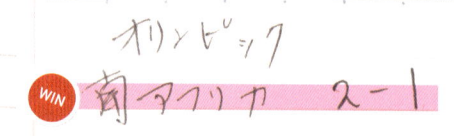

オリンピック

🔴WIN 南アフリカ 2-1

- フィジカルが強かった
- トラップ半身でアウトサイドで半転
- となって動く の雑をくの練習

- 1対1 は中より たて に 行く
- 前の敵の うらをつく タイミング
- 守備 ⇒ 攻撃 の意識を強くする

{ 瞬発力
  フィジカル
  トラップ

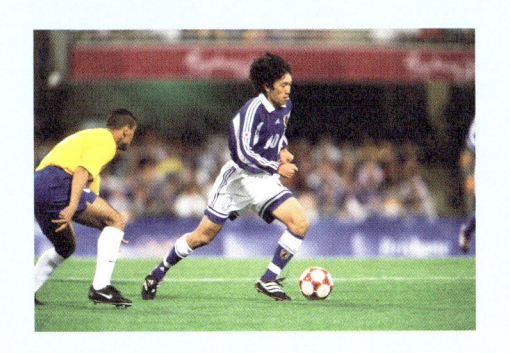

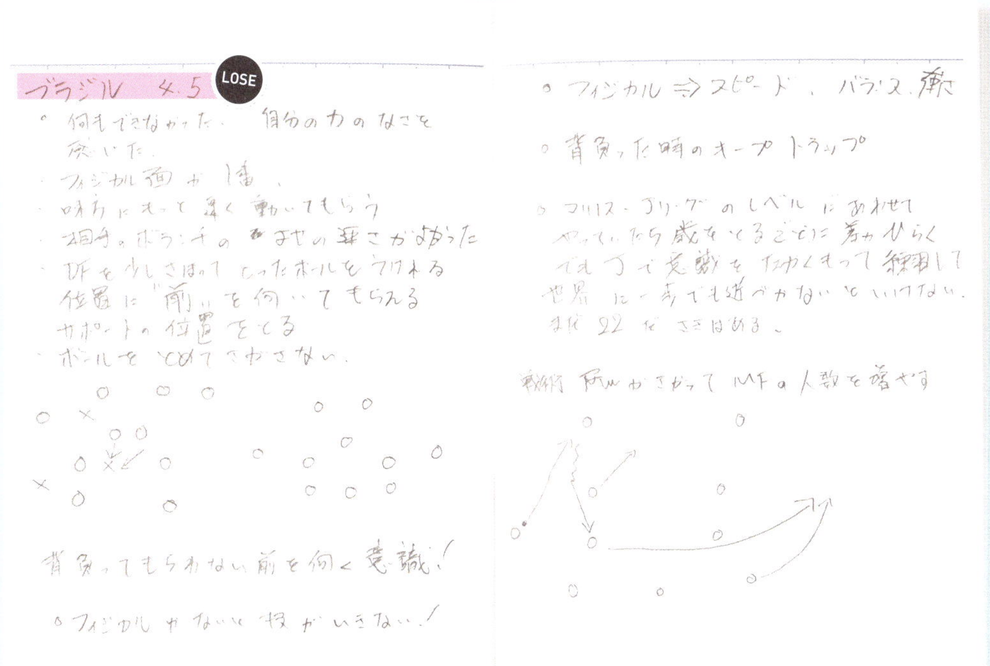

「自分の力のなさを感じた」

南アフリカ、スロバキア、ブラジルとグループリーグで戦って、決勝トーナメントに進出しアメリカと当たった。ここで敗退してしまったけど、全体を通じて技術的にすごいと思った選手はいなかった。それでも負けてしまうということは、自分に劣っているところがあるわけで、それは何かと考えると、フィジカルの強さだと思った。今自分が持っている技術や発想に、強いフィジカルがプラスされれば、さらに上にいけると思った。ブラジル戦のノートを見ると、まだ自分のことばかりを考えて書いている。このチームではトップ下だったからということもあるけど、連携プレーで崩すことなどはまだそれほど頭になかった。日本代表で左サイドのポジションになり、森島（寛晃）さんの動きを見るようになって連携プレーにも気を使うようになっていった。

22歳 2001年 日本代表[対フランス]
国際親善試合

1998年ワールドカップの決勝の舞台だったサンドニ・フランス競技場で、3月24日に行われた親善試合。

> フランス戦
> ○ 相手が世界一だろうがぜったい勝つ
> ○ 自分のプレーに集中する
> ○ 自分にしかできないプレーが有る 自信をもって
> ○ この試合は自分は100%の力を出し 何か足りないのか？ 何中プラスするのか？ 確認しながらやる

再び訪れた大舞台。直前にこの試合に向けた意気込みが書いてある

LOSE vs フランス　　3.5

　　　　　GK
　　フレグラフ　　デサイー
　　　　　　　　　　　リザラズ
カンデラ
　　　ラムシ　　プティ
　　　　　　　　(ビエラ)
ピレス
　　　　ジダン　　　　ジョルカエフ
　　　　　　マシリ

解説
サンドニの悪夢

雨のサンドニ競技場。ジダン、プティ、ビエラ、デサイーらベストメンバーが揃ったフランス代表相手に0-5で完敗してしまう。世界との差を感じた選手のショックは大きかった。メディアは「サンドニの悪夢」と報じた。

攻) ボールを持って出す所がなくさげるしかなかった。
　　ボールをキープする、ドリブルが必要
　　早さ、が必要　パス判断・走力
　　反転力　よく動く　いろんな方向への動き
　　フィジカルの強さ。

守) しかけるドリブルの速さ、の対応のしかた。
　　プレスに行く いきおい スライディングの技術
　　よみ、よせの速さ、止まる。対応してよせる速さ 強さ

世界のトップのレベルは、ボールぎわの強さ 早さ
　　　　　　　　　　　よく動く
　　　　　　　　　　　ボールキープの技術
　　　　　　　　　　　ボールを早く動かす。

「海外移籍が明確な目標となった」

僕のせいで負けたと言われた試合。何も出来なかった。すごい雨だったのに、フランス代表の中には固定式のスパイク（＊グラウンドコンディションが悪いときは、通常は靴底のポイントが長く、取り替え可能なスパイクを使う）を履いてプレーしている選手がいて驚いた。海外でどんな条件のときでも固定式スパイクでやるような環境に身を置かないといけない、そう思った。それが一番フィジカルの強化につながるんじゃないか、日本でやっている筋トレだけでは足りないと感じた。それまで漠然としか頭になかった海外移籍が、このときはっきりと明確な目標となった。

24歳

2002年 レッジーナ[対ペルージャ／対ブレッシア]
セリエA

イタリアのプロサッカーリーグ。8月〜5月にかけてのシーズンに、20クラブがホーム＆アウェーの2回戦総当りのリーグ形式で戦う。レッジーナは南イタリアのレッジョ・ディ・カラブリアを本拠地とし、この年は、ひとつ下のリーグセリエBから昇格したばかりだった。

VS ペルージャ　　0-0　　DRAW

自分の頭の上を ボールが とんでいく中で
どう 自分のプレーを 表現していくか。
* パスを出す鷲か(ロングボール) 近くに取く予測
　 して動く. 足もとで もらわない
* できるだけ シュートに いく しせいを 見せる
* プレーの力強さが たりない

「力強さが足りない」

開幕戦の前にだいぶ試合をこなしていたから、「いよいよ開幕戦だ」という気分でもなかった。でも、それまでの練習試合に比べると明らかに格上のチームとの試合を経験して、「強い、激しい」という感触だけが体に残った。それこそが自分の短所で、それを補うためにイタリアに来たということを再認識した。「自分の頭の上をボールが飛んでいく」というのは、事前に名波（浩）さんから聞いていた通りだった。それに加え、連携プレーというより個人のパワー、技術でなんとかするというスタイルだったから、これは厳しくなるぞと身が引き締まる思いだった。試合前は、「得点するというより、得点に絡みたい」と言っていたけど、試合後は、ゲームを組み立てるというよりも、ストライカー的な意識を持たなければいけない、ここでは点を取らなくては評価されない、と考え方が変わった。

横浜 vs ブレッシア　DRAW

○ ボールを とられない

○ 自分の感覚と、そうでない時の
　 ためて すばやい判断で プレーする

○ シュート（遠めてもうつ）

○ 動きすぎない

メンタル

誰かの わりと 思わない。チームのため
自分のため プレーする。見せつける。
自分のちが上ということを 見せつける。
強くはげしく。90分間 戦う。

ロベルト・バッジョを見て気づかされたこと

激しい試合の中で、僕はてこずっていた。しかしバッジョだけは激しいプレーをするわけではなく、テクニックと創造性でテンポ良くプレーしていた。それまでの数試合で、フィジカルを強化しなくてはいけないと思っていたけど、バッジョのプレーを見て、やはりテクニックと創造性も大事なんだと気づかされた。すべてのボールがバッジョを経由する。バッジョにボールが入った瞬間、周りが一斉に動く。いかに彼が信頼されているかということだった。自分がプレーしやすいように周りを動かす、そのためにはどうしたらいいのかを考え始めた。

解説　東洋のバッジョ

ブレッシアには、ロベルト・バッジョがいた。俊輔は地元マスコミに「東洋のバッジョ」と言われ、ふたりの対決は1週間前から注目されていた。この試合で俊輔は25メートルのフリーキックを決め2-2で試合を終わらせた。これで3試合連続ゴールとなった。

24歳

2003年 レッジーナ
[対インテル／対ユベントス／対ピアチェンツァ／対ローマ]
セリエA

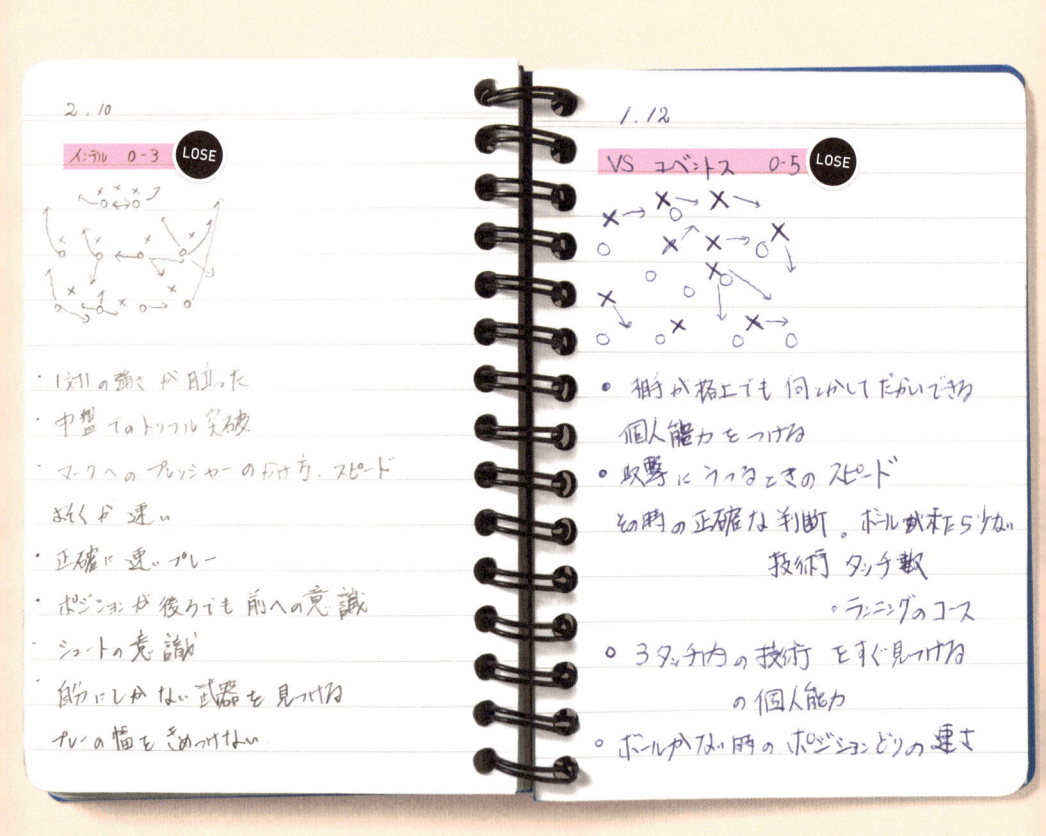

2.10

インテル 0-3 **LOSE**

- 1対1の強さが助った
- 中盤でのドリブル突破
- マークへのプレッシャーのかけ方、スピード
  寄せが遅い
- 正確に速いプレー
- ポジションが後ろでも前への意識
- シュートの意識
- 自分にしかない武器を見つける
- プレーの幅を決めつけない

1.12

VS ユベントス 0-5 **LOSE**

- 相手が格上でも何とかして対応できる
  個人能力をつける
- 攻撃にうつるときのスピード
  与門の正確な判断。ボール状れらない
  技術 タッチ数
  ・ランニングのコース
- 3タッチ内の技術 をすぐ見つける
  の個人能力
- ボールがない時の ポジションどりの速さ

「セリエAで得たもの」

セリエAの試合はほぼ毎試合ノートに書いていた。それは、それだけ刺激があったのとストレスも一因なのかもしれない。勝てない、自分のプレーが出しにくい、それは明らかにストレスになっていた。自分らしいプレーを忘れそうになるとよく、マリノスや代表の自分のプレーを映像で見直していた。僕のスルーパスに対する反応の仕方が、レッジーナの選手と日本人の選手とは違った。ロングパスを多用するイタリアサッカーの中で、自分が消えないようにどうプレーするかだけを考えていた。そうしているうちに、自分を主張しすぎず、どんな選手とも一緒にやっていける術を学んだ。これがセリエAで得た最も大きい財産かもしれない。

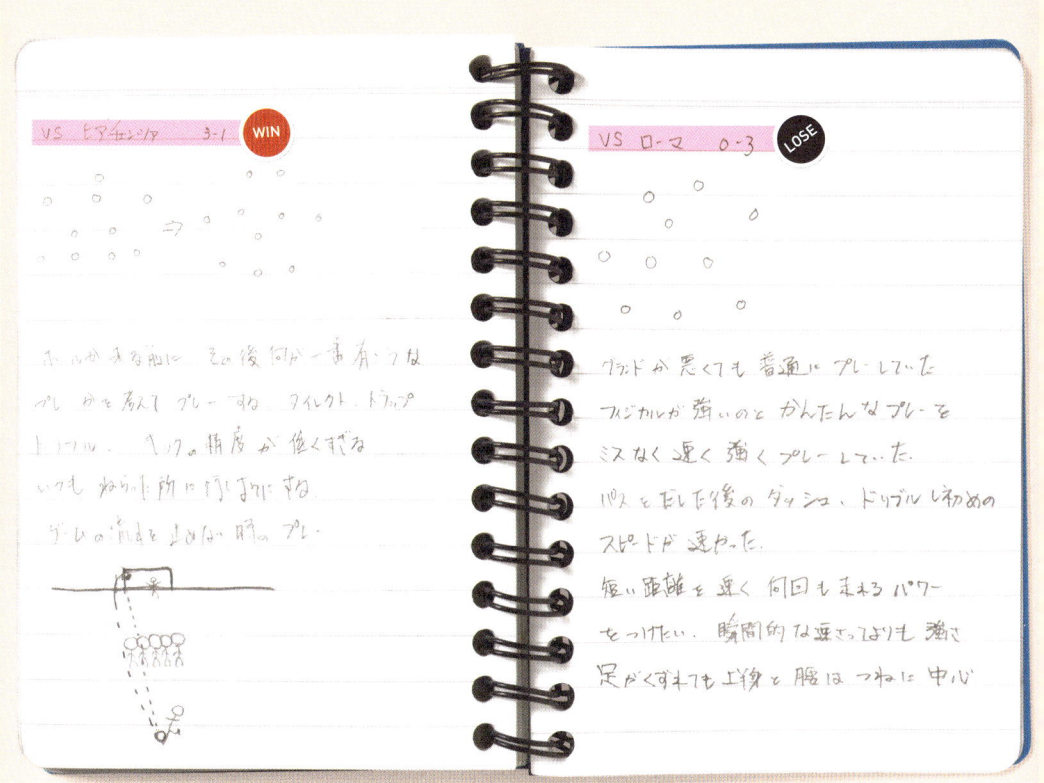

25歳 2004年 レッジーナ[対ペルージャ／対シエナ／対アンコーナ]
セリエA

この当時は中田英寿（ボローニャ→フィオレンティーナ）や柳沢敦（サンプドリア→メッシーナ）が同じセリエAでプレーしていた。

LOSE vs. ペルージャ 1-2 △
DRAW vs. シエナ 0-0 ×

○ 自分に力が無いから試合に出れない。→人一倍努力するしかない

助に何が足りないか？他の選手は気に入れない
↓
自分の中だけ

○ フィジカル面で弱い

DRAW vs. アンコーナ 1-1 △

○ ボールが無い時のランニング
○ パスを出すプレーヤーがボールを持つ前にもらうスペースをみつけ、フリーにうける努力をする。

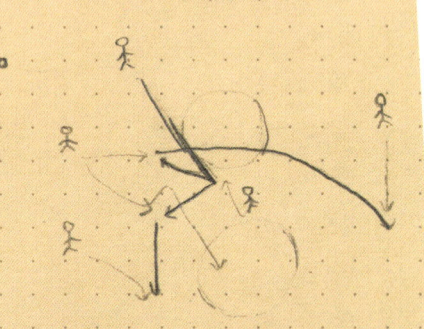

苦しかった 2004年

2004年は苦しい年だった。試合になかなか出られない。時間があるから筋トレに励んでいた。その後、体が重くなり過ぎて後悔することになったので、今では筋トレのやり過ぎに注意している。オフにすることも限られていて日本が恋しかった。レッジョ・ディ・カラブリアは、うちから見える海の景色とジェラートは最高だったけど何せ田舎だった。とはいえ3年暮らした街、いつの日か家族とまた訪れたいと思っている。

○ スクワット（3種類）1分×3
130kg(?)×12回×4 レスト 10回
10kg 片足スラップ （ダンベルまく） レスト ジャンプ 20回 3セット
（ダンベル）   20回

ふくら 120秒 20回 ゆっくり バーベル
     20回 はやく JP(10kg) なわとび1分 3セット
                            10 20 30
○ 左腕 下100回+10回 3セット   △△△△×6
      裏 12回 3セット
                さか道ダッシュ 6

2004 - 2005

日付	対戦	スコア	時間		日付	対戦	スコア	時間
7/9	スロバキア	3-1	90 2ア		10/24	キエーボ	0-0	90
7/13	セルビア	1-0	90		10/27	フィオレンティーナ	1-2	90
7/20	オマーン	1-0	90 1ゴ		10/31	メッシーナ	1-2	75
7/24	タイ	4-1	90 1ゴ		11/6	ユベントス	2-1	85
7/28	イラン	0-0	90		11/14	ローマ	1-0	75
7/31	ヨルダン	1-1	120 1ア		11/28	アタランタ	1-0	85 1ア
8/3	バーレーン	4-3	120 1ア		12/5	ブレッシア	1-3	55
8/7	中国	3-1	90 2ア		12/12	カリアリ	3-2	90
8/8	マリス	1-2	50		1/6	パルモ	1-0	85 1ゴ
8/12	大塚	2-4	90 1ゴ		1/9	レッチェ	1-1	55
8/21	セリG1	1-0	90 1ゴ		1/16	インテル	0-0	45
8/24	ドバイ(UAE)	2-1	90 2ア		1/30	ラツィオ	2-1	90
8/28	ギリシャ(4曲)	2-0	55 1ア		2/2	リボル	1-1	65
9/12	ウディネーゼ	0-0	90		2/6	シエナ	3-3	75 1ア
9/19	ラツィオ	1-1	90		2/9	北朝鮮	2-1	30
9/22	リボル	2-1	90			ミラン	0-1	35
9/26	シエナ	0-0	65			キエーボ	1-0	90 1ゴ
10/3	ミラン	1-3	65 1ア			フィオレンティーナ	1-2	65
10/13	オマーン	1-0	90 1ア		3/13	メッシーナ	0-2	80
10/17	サンプドリア	0-1	25			ユベントス	0-1	80
						パルマ	1-3	45

一年の仕事量

2005年のノートの最後のページに、このシーズンどれだけ働いたんだろうと思って書き出してみた。スコアの後ろにある数字は出場時間。セリエAが開幕する前に、日本代表のキリンカップ、中国でのアジアカップに参加したのでシーズン前のオフが短かった。「結構働いてるなあ」ってシーズン終了後にあらためて思った。

28歳 2006年 セルティック［対エバートン（プレシーズンマッチ）］
スコットランド・プレミアリーグ

スコットランドのプロサッカーリーグ。8月から5月にかけてのシーズンに12のクラブが全38節の試合を行う。第1節から33節までは3回総当り戦、その後上位6チーム、下位6チームの2つのグループに分かれ、グループごとに1回の総当り戦でトータルの順位を決める。

> **解説**
> **セルティック2年目始まる**
> 7月29日のリーグ戦開幕の前に、イングランド・プレミアリーグのエバートンと行われた強化試合。ワールドカップドイツ以後初のフル出場の試合となった。1−0でセルティックが勝利した。

WIN 7/23　エバートン

- まだコンディションが上がってはいないとはいえミスが多すぎた。
- ボールがくる前にもっと首を振って相手と味方の位置を確認しておく
- シュートまでの動作がスムーズではなかったから自主トレでやっていく必要がある
- あとは試合かんや体力、敏しょう性は練習をこなしてついてくるからあせって筋トレしすぎない
- ミスや失敗は次にとりかえせばいい　そのためには集中して練習しろ！

> **マンチェスター・ユナイテッド研究**
> マンチェスター・ユナイテッド戦を見て気になるところを書き出した。

7/26 マン・U
・選手と選手の距離のとり方
　パスを出した後の動き出し
　次の動作に移りながらのトラップ
　誰かが動いたら連動して速く動く

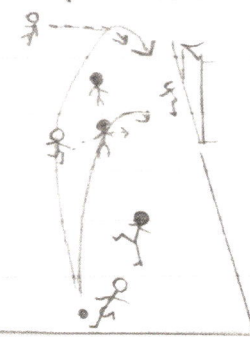

7/27
・サイドにボールがいったらセンタリングで終わね

右で打たなくても少し中へ入って左でFKのイメージで中へ入れる

サイドのポジションのとり方を考える

28歳

2006年 セルティック[対レンジャーズ／対ダンディー・ユナイテッド]
スコットランド・プレミアリーグ

セルティックとレンジャーズは、同じグラスゴーを本拠地とするライバルチーム。人気だけでなく、1986年以降は優勝も分け合っている。この2チームの試合は、オールドファームダービーと言われる。

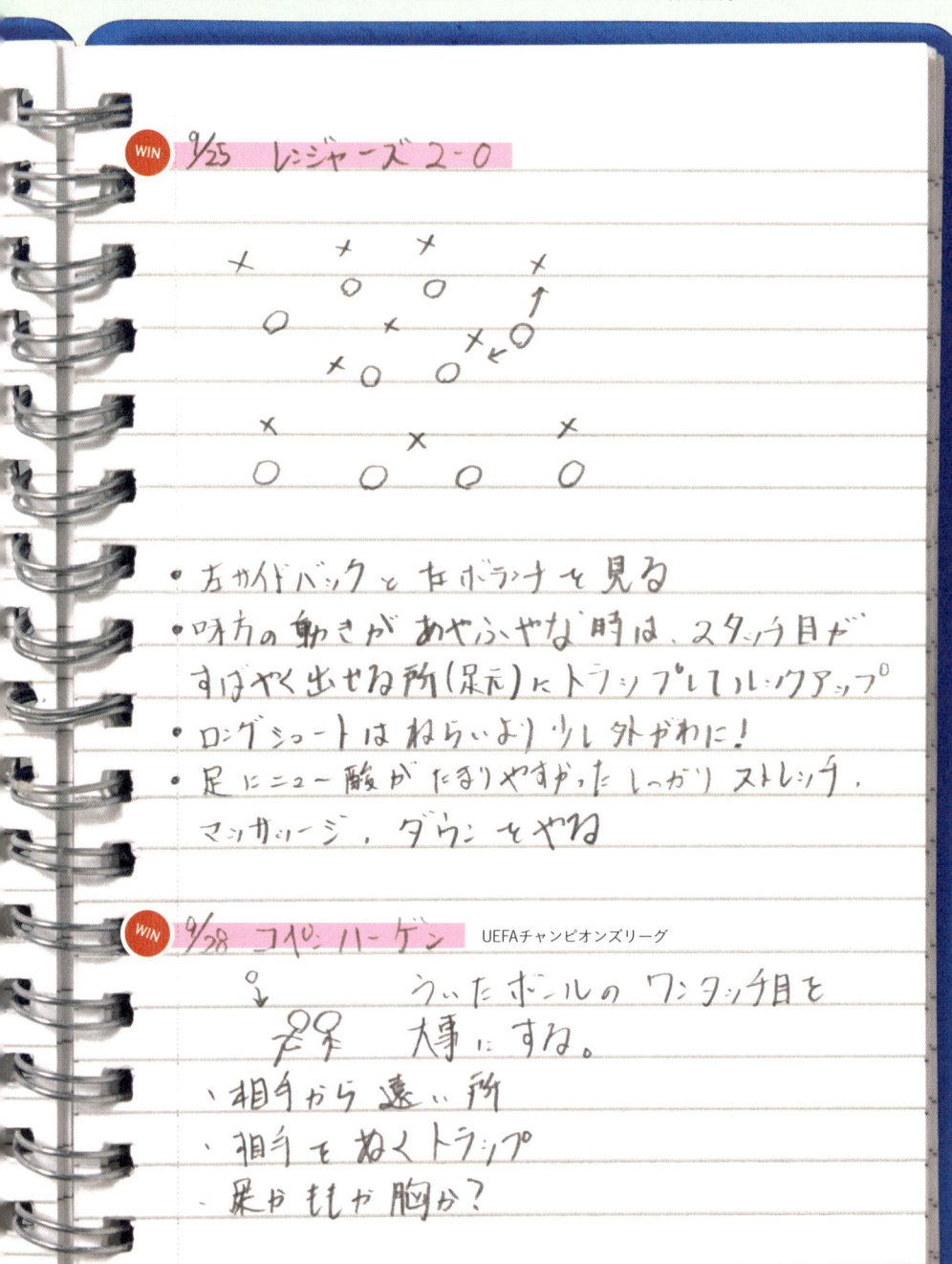

WIN 9/25 レンジャーズ 2-0

- 右サイドバックと左ボランチを見る
- 味方の動きがあやふやな時は、スタンプ目だ すばやく出せる所（足元）にトラップしてルックアップ。
- ロングシュートはねらいより少し外ぎわに！
- 足に乳酸がたまりやすかった。しっかりストレッチ、マッサージ、ダウンをやる

WIN 9/28 コペンハーゲン　UEFAチャンピオンズリーグ

うったボールのワンタッチ目を大事にする。
- 相手から遠い所
- 相手をぬくトラップ
- 足かももか胸か？

解説
8年ぶりのハットトリック！

1週間のオフを日本で過ごしたあとの試合だった。0-1でリードされていた前半44分、左足で同点ゴール。後半3分にはFWのヘディングのこぼれ球を左足で押し込み、同13分に3度左足でゴール左上の隅に叩き込んだ。1998年、マリノスに在籍していたときの平塚戦以来のハットトリックに「今回はフリーキックはなかった」と、すべて流れからの得点だったことに満足そうだった。

WIN 10/13 ダンディー U 4-1 3得点

- 前半の入り方がよくない
  相手のプレッシャーが早い時のプレー
- 相手の勢いに逆らうプレー
- アバイなプレー
- 遠くを見る

サイドバックがもった時に消えない！

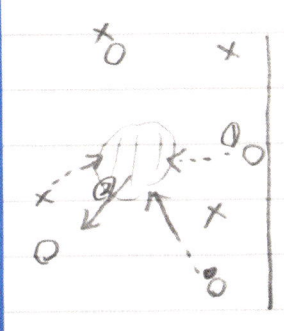

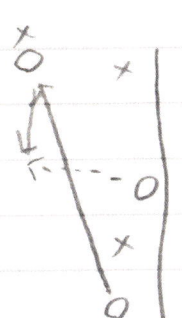

逆サイドからのセンタリングにはFWのラインまで入る！ ゴールするチャンスがころがっている。

うぬぼれる自分が怖い

ハットトリックしたけど、反省点ばかり。ここ数年はプラスのことはノートに書かなくなった。プラス面は体と頭に残っているから大丈夫だと思う。でも反省点というのは残りにくいから書き留めないといけない。いいことを書いてうぬぼれる自分が怖い。それも書かない大きな理由だ。

28歳 UEFAチャンピオンズリーグ
2006年 セルティック
[対マンチェスター・ユナイテッド（1次リーグ第1節／第5節）]

9月から5月にかけて開催される、ヨーロッパ・サッカー連盟（UEFA）によるクラブチームナンバーワンを決める戦い。ヨーロッパ各国リーグの上位クラブがしのぎを削る世界的なリーグのため、クラブにとってもファンにとっても特別な大会である。

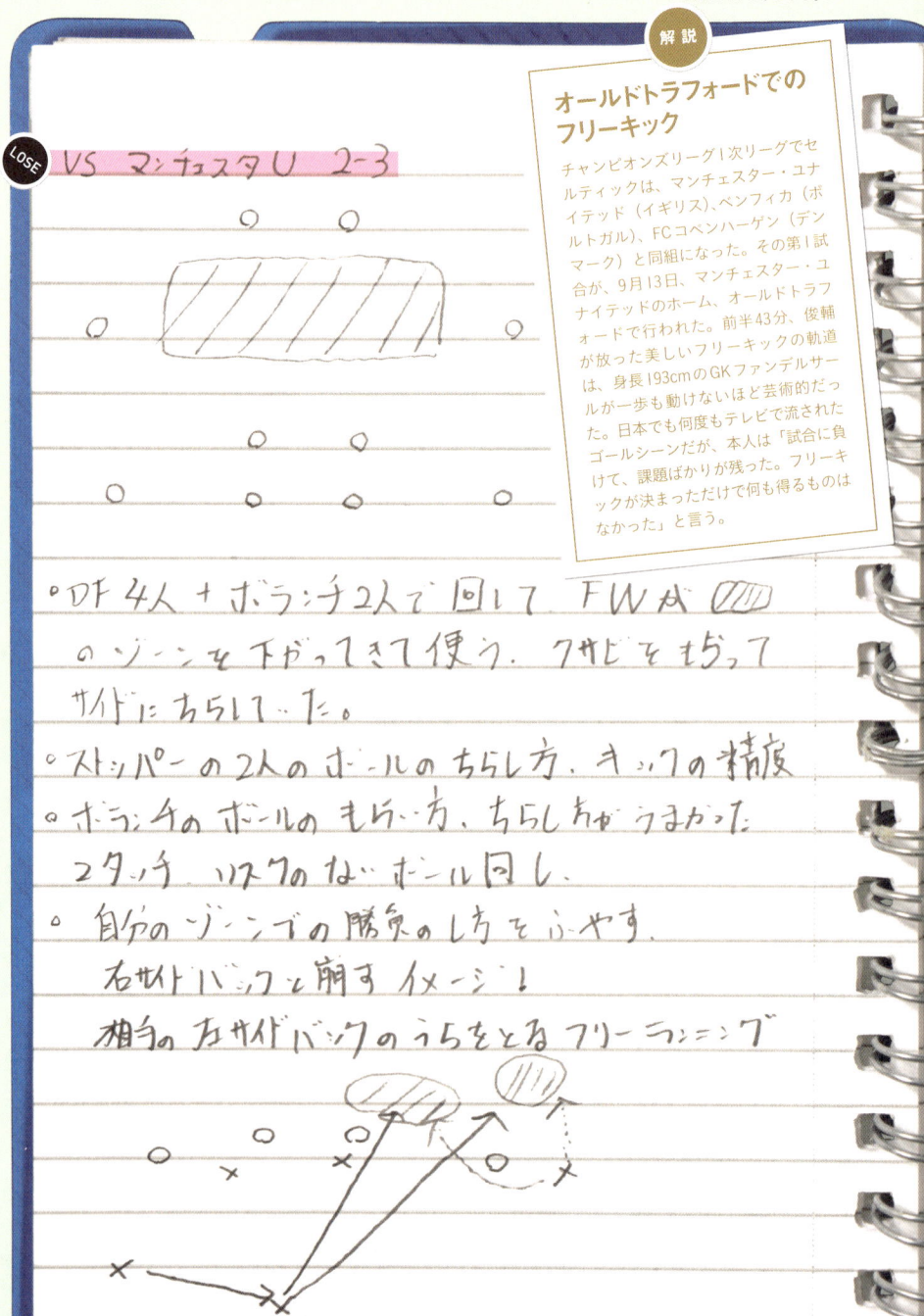

LOSE VS マンチェスタU 2-3

解説
オールドトラフォードでのフリーキック

チャンピオンズリーグ1次リーグでセルティックは、マンチェスター・ユナイテッド（イギリス）、ベンフィカ（ポルトガル）、FCコペンハーゲン（デンマーク）と同組になった。その第1試合が、9月13日、マンチェスター・ユナイテッドのホーム、オールドトラフォードで行われた。前半43分、俊輔が放った美しいフリーキックの軌道は、身長193cmのGKファンデルサールが一歩も動けないほど芸術的だった。日本でも何度もテレビで流されたゴールシーンだが、本人は「試合に負けて、課題ばかりが残った。フリーキックが決まっただけで何も得るものはなかった」と言う。

- DF4人＋ボランチ2人で回して FW がのゾーンを下がってきて使う。クサビをもってサイドにちらした。
- ストッパーの2人のボールのちらし方、キックの精度
- ボランチのボールのもらい方、ちらし方がうまかった。 タッチ リスクのないボール回し。
- 自分のゾーンでの勝負の仕方をふやす。
 右サイドバックを崩すイメージ！
 相手の右サイドバックのうらをとるフリーランニング

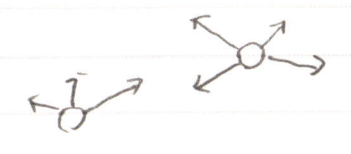

> **解説**
> ### クラブの歴史を塗り替える
> 11月21日、セルティック・パークにマンチェスター・ユナイテッドを迎えての2試合目。0－0で迎えた後半36分、俊輔に先制点が託された。正面やや右で与えられたフリーキックのチャンス。ゴールまでは約28メートルあった。試合を見ているすべての者が、2カ月前のオールドトラフォードでのシーンを想像した。信じられない！ 俊輔の左足はもう一度マンチェスター・ユナイテッドのゴールを揺らした。セルティックはこれで決勝トーナメント進出を決める。クラブの歴史を塗り替えた瞬間だった。

WIN マンU 1-0

左サイドでの ボールを あつかうアングルが 少ない。キープする びき出しを増やす つっかけるドリブル。スピードアップするドリブル の 種類を増やす。
キレを意識してプレーする

後ろでのボールの回し方（ビルドアップ）

（よりすぎず）

28歳 2007年 セルティック［対ACミラン（決勝トーナメント1回戦第1戦）］
UEFAチャンピオンズリーグ

DRAW vs ACミラン

○ 相手はMFをダイヤ型から4ラインにした。
側MFに MFがファーストアタックしていた。
中にしぼってもスペースが少なくせまかった。
サイドバックの攻めあがりがネックとなった。

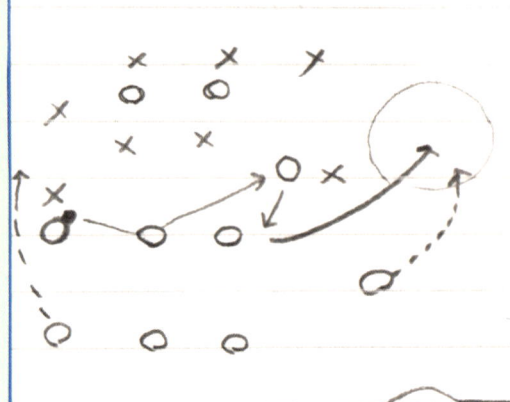

成功の形を書いておく

2本目のフリーキック、ミスしてしまった。もっとカーブがかかったと思ったんだけど、全然カーブがかからなくて、ゴールの左側に抜けてしまった。イメージでは入ったと思ったんだけどね。試合が終わった後、ノートにこうならなくちゃいけなかったという成功の形を書いておいた。

> **解説**
>
> ### 初めてのUCL決勝トーナメント
>
> セルティックにとって史上初めてのUCL決勝トーナメント。第1戦は、2月20日、セルティック・パークでイタリアの強豪、ACミランと戦った。俊輔はいつものように中盤の右サイドで先発し、2度フリーキックを蹴った。前半40分に、右45度から蹴ったフリーキックはGKカラッチにセーブされる。後半14分は、ノートの絵にあるように、ゴール正面左から、5枚の壁を左側から大きく巻くように蹴った。試合は0－0で終わった。3月7日にミランホームでの2戦目を控えていたため、ノートには4バックのミランをどう攻めるべきかが研究されている。

相手が 4バックの 時

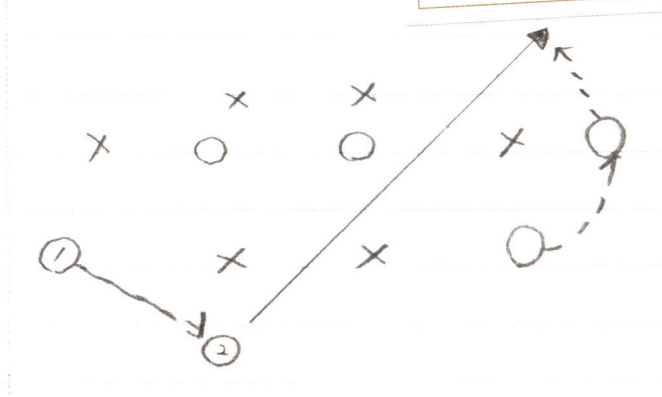

①から②に ボールが 移動している間に
ポジションを ラインギリギリの所にとる（4バック）
②から パスを受ける

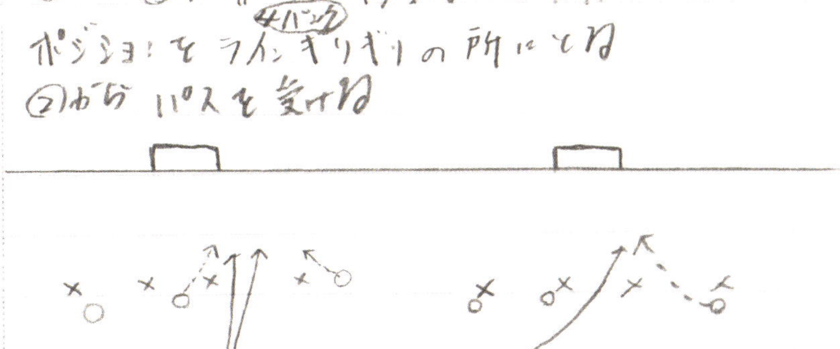

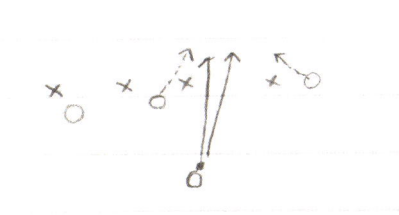

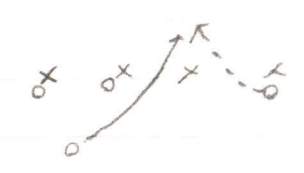

28歳

2007年 日本代表［対ペルー］
国際親善試合

オシム監督が就任してから7カ月が経って初めて俊輔が招集された試合。3月24日、日産スタジアムで行われた。

WIN vsペルー　2-0

○ スルーパスのねらいすぎに注意！
　1、2タッチで出して動く
　ボールをもらう動きだけではいけない
　　　　　↑
　　　　足元で
　スペースで受ける動き
　スペースを空ける動き

○ どこでスピードを上げるか。
　走って前の力で勝負できるボールの受け方
　ダイナミックな動き！

・ 自分のプレーだけに集中、レベルを上げる事だけ

オシムさんとのこと

オシム監督は、どういうプレーが好きなのか、どういう練習をしているのか、それらを事前に頭に入れて合宿に臨んだ。その上で監督に、僕はこういうプレーができますというアピールをした。今までもそれを繰り返しやってきたから。呼んでもらえない時期が長かったので、最初は、監督は僕のことをどう思っているんだろうと不安だった。アジアカップが終わったあと、オシムさんが僕の耳元で「こんなに走って頑張ってくれるとは思わなかった」とポツッと言って去っていった。オシムさんはめったに人を誉めないし、誉めたとしてもいつも小声だからね。大会は4位だったけど、この一言をもらったことで僕としてはそれ以上の収穫があったと思った。オシムさんのサッカーはこれから進化していくはずだった。

2008年 セルティック［対バルセロナ（決勝トーナメント1回戦第1戦）］
UEFAチャンピオンズリーグ 29歳

LOSE バルサ

> **解説**
> 「今までで一番強かった」
>
> スペインの雄、バルセロナとの戦いは、スペインリーグに憧れる俊輔にとって格別なものだった。2月20日、セルティック・パークで行われた第1戦。俊輔は右MFでフル出場したが、得点には絡めなかった。メッシに2点を決められ、2-3で負けてしまう。「今までで一番強かった」とバルセロナの強さを目の当たりにした。第2戦も0-1で勝機を逃し、2年連続でベスト8入りはならなかった。

②がもった時に⑥はよりすくない

⑦がもらいに来る

③-⑨の距離は長く

サイドチェンジしてから前に早くしかける。

サイドチェンジしたら⑩⑨がもったら⑤②はすぐにオーバーラップ

⑩が中にドリブル⑦は前へ FWになる ⑫の後のスペースにランニング

味方がタイミングよく動きだしていて連動すれば。

むずかしいことはしなくてすむ。
   ↓
   ミスが少なくなる。

⑨が中へドリブルする事によって⑨のもといた位置にスペースができ⑨がつっかけた事によってサイドバックとボランチがひきつけられる。

29歳 2008年 日本代表[対オマーン] ワールドカップ南アフリカ アジア3次予選

イビチャ・オシム監督が脳梗塞で倒れ、そのあとを引き継いだ岡田武史監督が指揮を執った予選。日本はオマーン、タイ、バーレーンと同組となりホーム＆アウェー方式で計6試合を行い、4勝1敗1分でグループ1位で通過した。

DRAW オマーン

- 中に入りすぎた
  とられて 相手ボールになった時に
  カウンターをくらいやすい

- 気持ち、負けない
- ロングシュート
- サイドからの攻撃の時の迫力
  絶対決めるという、迫力でゴールに
  走りこむ、体でおしこむ

解説
オマーンと2連戦

俊輔にとってワールドカップ南アフリカ予選初出場となったオマーン戦。6月2日、日産スタジアムで俊輔の得点を含む3-0で快勝したあと、続けて5日後に敵地オマーンで、気温36度、湿度47％の中、試合は行われた。前半11分、オマーンに先制されるも後半8分、遠藤がPKを決めて同点に。試合終盤は押され気味だったが、1-1で終えた。

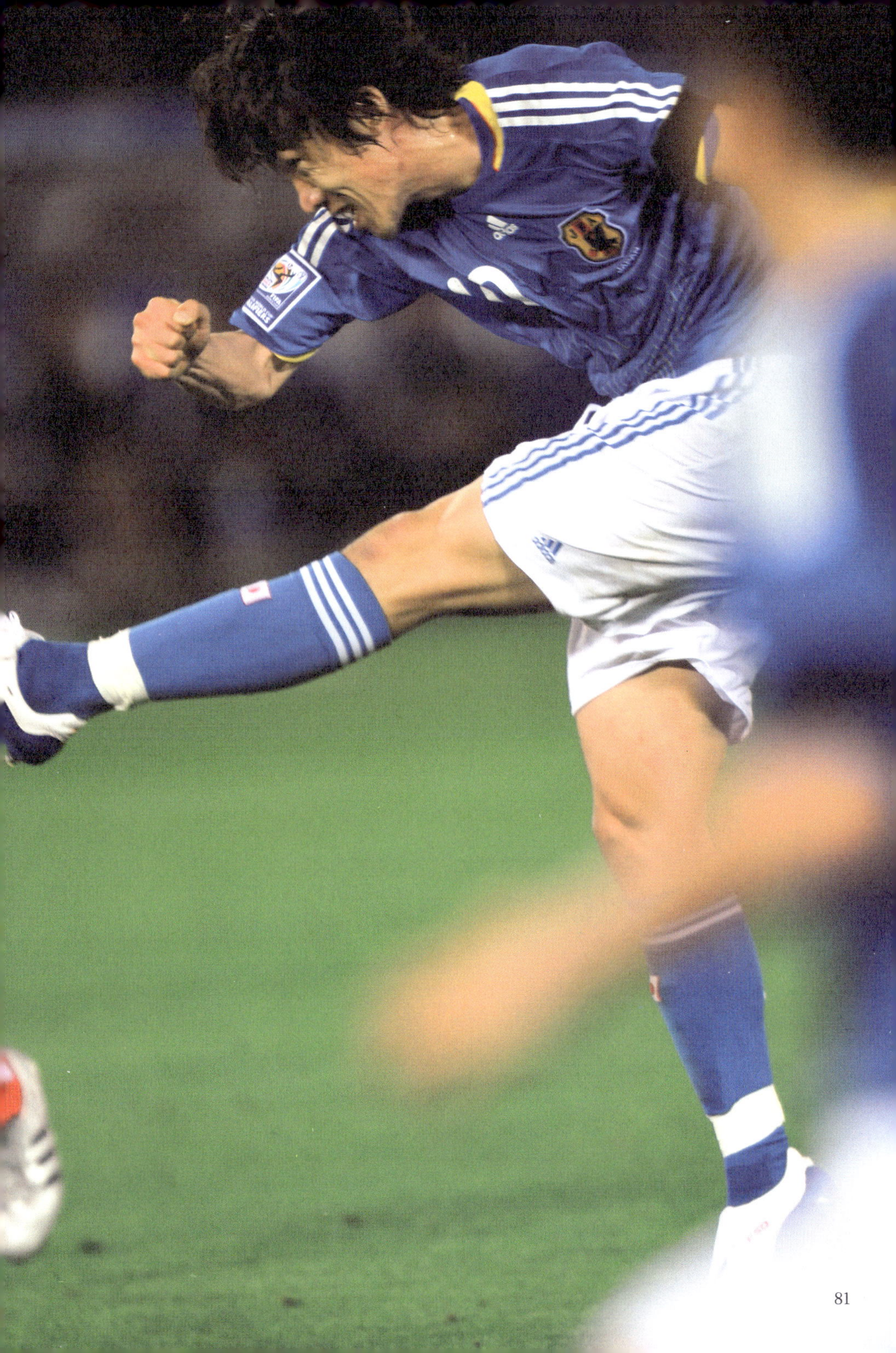

30歳 2008年 セルティック［対ビジャレアル（1次リーグ第2節）］
UEFAチャンピオンズリーグ

LOSE <mark>チャンピオンズリーグ ビジャレアル</mark>

絶対 ミスをしない。味方がいなければノーマノ
脚の所で とられない
パスを出した後の 動きで マークをはずす
<mark>スペインの中でミスは許されない！</mark>
シュートの意識

○ 守備に時間と力を使いすぎて
  攻撃の軸になれなかった。ボールが来た時には
  疲労がたまりボールを失なってしまった。
  イメージと技術、瞬敏性が欠けていた。

相手がプレッシャーをかけてきた時の 足さばき
体の向き、トラップ、反転、などの技術
㊧サイドでプレーする時間が長いため
中でのプレーのイメージなどが欠けていた。

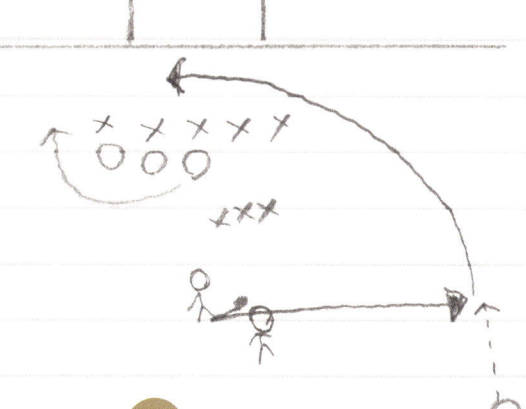

FK
真中からは角度をつけてセンタリングする

解説

「スペインの地でミスは許されない」

俊輔にとって3度目のUCL、この年は1次リーグで、オールボー（デンマーク）、ビジャレアル（スペイン）、マンチェスター・ユナイテッド（イギリス）と同組となった。9月20日、UCL第2節は、当時スペインリーグの2位を走っていたビジャレアルと敵地での対戦だった。俊輔はトップ下で出場したが、得点には絡めず、後半29分に交代。0-1で敗れた。ノートに「スペインの地でミスは許されない」とあるのは、いつかスペインリーグでプレーする自分のことを意識してのことと思われる。12月10日、ホームで行われたビジャレアル戦は、俊輔が全得点に絡み2-0で快勝したが、決勝トーナメント進出はならなかった。

30歳 2008年 日本代表［対ウズベキスタン／対カタール］
ワールドカップ南アフリカ アジア最終予選

アジア3次予選を通過した10チームが2つのグループに分かれて、ホーム&アウェー方式で計8試合を行い、各グループ上位2チームがワールドカップ出場の権利を得る（3位はプレーオフに回る）。日本はバーレーン、ウズベキスタン、カタール、オーストラリアと同組となり、2位で出場権を獲得した。

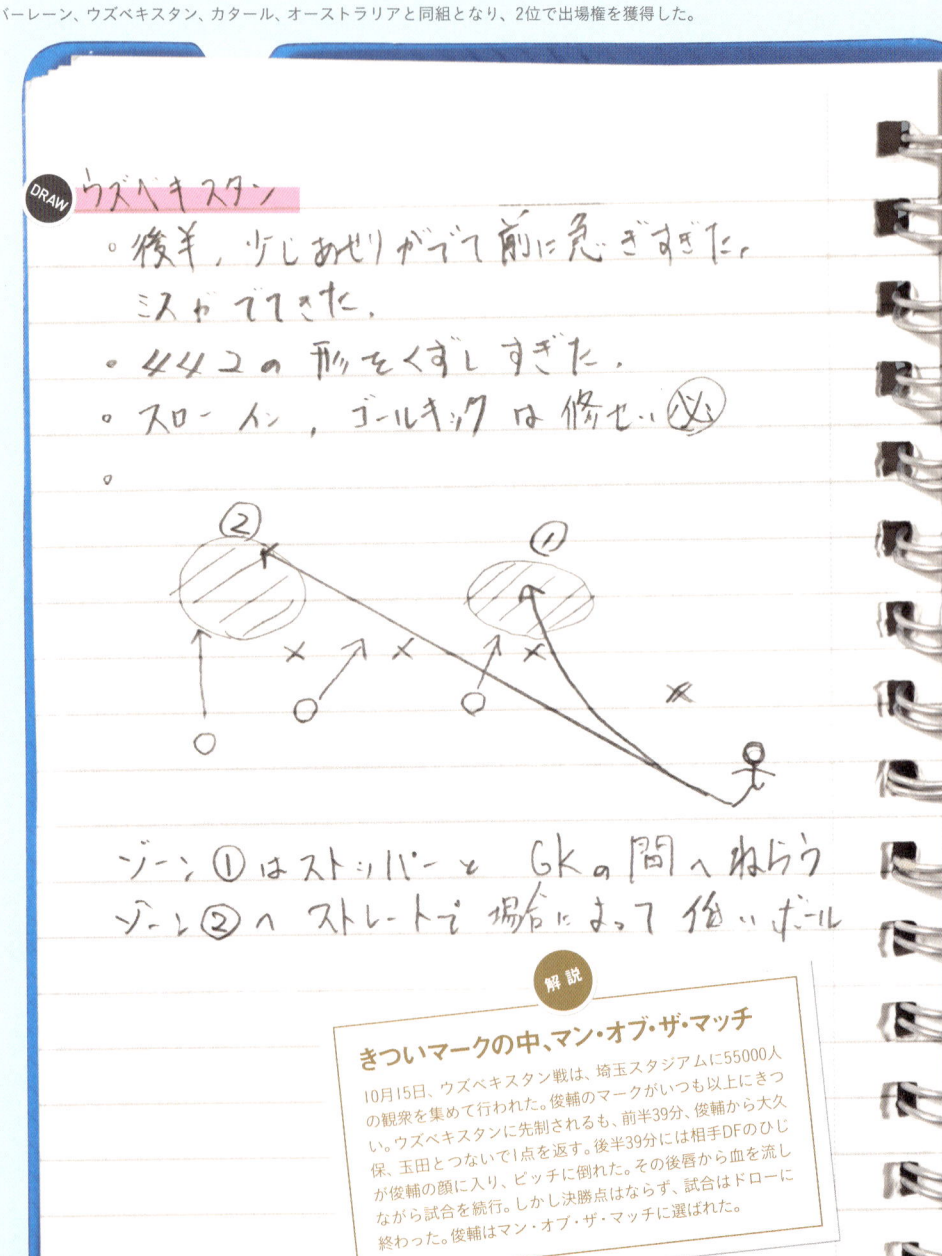

DRAW　ウズベキスタン

- 後半、少しあせりが出て前に急ぎすぎた。ミスが出てきた。
- 4-4-2の形をくずしすぎた。
- スローイン、ゴールキックは修正（必）

ゾーン①はストッパーとGKの間へねらう
ゾーン②へストレートで場合によって低いボール

解説

きついマークの中、マン・オブ・ザ・マッチ

10月15日、ウズベキスタン戦は、埼玉スタジアムに55000人の観衆を集めて行われた。俊輔のマークがいつも以上にきつい。ウズベキスタンに先制されるも、前半39分、俊輔から大久保、玉田とつないで1点を返す。後半39分には相手DFのひじが俊輔の顔に入り、ピッチに倒れた。その後唇から血を流しながら試合を続行。しかし決勝点はならず、試合はドローに終わった。俊輔はマン・オブ・ザ・マッチに選ばれた。

2008年 セルティック［対セントミレン］
スコットランド・プレミアリーグ　30歳

解説
負傷しながら絶妙アシスト
敵地ドーハで行われた最終予選。俊輔は左膝にテーピングをして出場。左膝内側側副じん帯を損傷していた。それでも前半19分、田中達也のゴールの起点になり、後半23分には田中マルクス闘莉王のヘディングゴールのアシストをした。試合は3-0で快勝。

WIN vs カタール

○ トラップして 止まって パスコースをさがしていた。もう少しドリブルや、ワンタッチ目を動きながらすると パスコースも 出てくる

○ セットしてマイボールになった後のミスが 多い

○ 相手コート 1/3 のスローインが立ち上がりや きめ手をやね。

解説
3試合連続ゴール
4日前にドーハでカタール戦を終えたばかり。左膝を負傷しながら2週間で5試合という連戦の中で、3試合連続ゴールとなった。絵は、後半21分、俊輔の得点シーン。右サイドで味方にボールを預けると、ゴール前に走りこみ再びパスを受けて左足でシュートした。

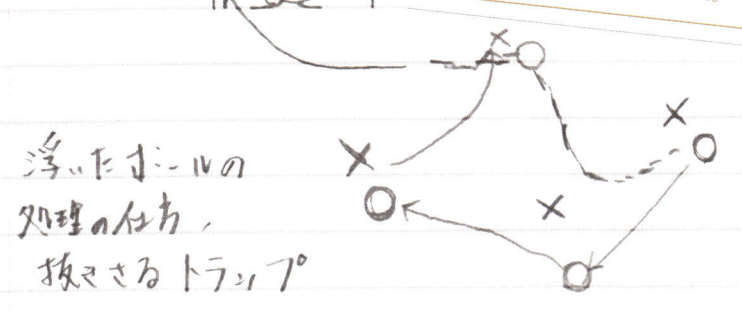

WIN vs セントミレン

浮いたボールの
処理の仕方。
抜かされるトラップ

2002年、
僕がノートを書かなかった理由

2001〜2002年にかけて、俊輔がノートを開く機会はめっきりと減った。
その年のノートは存在するが、半分は白紙だ。
なぜなのか、彼自身も今日までそれを振り返ることはなかった。

　2002年のノートがない。
　言われるまで気がつかなかった。
　なぜないんだろう。
　自分の中でまるで余裕のない毎日だったから。あのときは必死だった。日本代表でトルシエ監督に認められず、「おまえは15番目の選手」(ベンチでも交代枠に入らないという意味)だと言われながら、ワールドカップメンバーを目指していたあの頃。
　課題はたくさんあったはずなのに、それを書き留める、ということすらできなかった。サッカーノートのことは一切忘れていた。サッカー以前というかピッチ外のところで楽しくないことばかりが起きていた。僕が一面になった新聞を監督がみんなの前でひろげて「おまえはスターか？」なんていうことはしょっちゅうだった。どうしていいか分からず、ため息ばかりがついて出た。
　僕はただ時間が過ぎていくのを待っていた。早く終われ、早くワールドカップ終われって。
　残り8分しか出してもらえなかった4月17日のコスタリカ戦も、4月20日のJリーグで首位のジュビロ磐田を破ったマリノスのベストゲームも、ワールドカップメンバー発表直前のキリンカップ、トップ下で出場し3得点をあげたスロバキア戦も、いい試合だろうがうまくいかなかった試合だろうが、ノートには何も残っていない。
　頭の中は、「これはワールドカップメンバーに残ることにつながるのか」そればかりだった。

2002年5月17日、ワールドカップのメンバー発表が終わった直後、マリノスのクラブハウスには100人以上の報道陣が俊輔の声を求めて駆けつけた。

5月17日、自宅のテレビでメンバー発表の記者会見を見ていた。監督が、GK、DF、MF、FWの順でリストを読み上げる。DFで秋田さんの名前が呼ばれた瞬間、僕は「終わった」と思って服を着替え始めた。そのうち、ゴンさん(中山雅史)の名前が聞こえて、「そっか」って。ゴンさんにあって僕にないものがすぐに分かったから。
　マリノスへ記者会見に行かなくちゃと思っていたところに、チームの広報から電話がかかってきて「嫌だったらいい」と言われた。僕はそこで逃げたら、ずっとマスコミに追われて嫌な思いをするのは自分だと思って、「行きます」と答えた。

2002年7月21日、イタリアに渡る直前に国立競技場で行われたJリーグの試合で、最後にセレモニーが行われ、サポーターに挨拶をした。

会見での僕は、残念そうに肩を落としていたと思うけど、内心は、トルシエ監督から解放されたという気持ちと脱力感でいっぱいだった。悲しいという気持ちはそれほどでもなかった。

　だからといって、日本でワールドカップを見て応援する気持ちにはなれなかった。サッカーからしばらく離れたいというのが本音だった。6月4日、僕は飛行機に乗って、韓国へと向かった。ポルトガル対アメリカ、フランス対ウルグアイの2試合をスタジアムで観戦するためだった。

　一番見たかったのはジダンだった。しかし、怪我をしていたジダンは精彩を欠いていて、それが痛手となり、フランスは負けてしまった。グループリーグ敗退。いつもなら、ジダンがどうだったとか、フランスチームのフォーメーションなどをサッカーノートに書いて、何かに生かしたいと思うはずが、それもしていない。サッカー選手というより、ファンとして楽しんでいたからだと思う。僕は、息抜きのために韓国に行ったのだ。

　でも頭には残っている。フランスのような強豪国でも、こういうことが起きるんだという驚き。ジダンに限らず、どの選手も疲れているようだった。暑さもあったと思うが、モチベーションが高いようには見えなかった。

　帰国し、しばらくたっても、この件とは向き合いたくなかった。このことだけは。やはり逃げたかったのかもしれない。自分の気持ちの中では整理がついていた。落選した理由——ゴンさんにあって僕にないもの。もしトルシエ監督の言うとおり、「15番目の選手」としてベンチをあたためるだけになった場合、そこで求められるのは、ブスッとむくれた顔ではなくて、チームを盛り上げつつも、チャンスがあればオレもやってやるぜという気持ちを出せること。監督は僕にはそれが出来ないと思った。そう、そのとおりだ。当時の僕には出来なかった。あの時の僕では選ばれないはずだ。

　整理がついていたからこそ、これ以上触れるな、と自分で自分にブレーキをかけていたのだろうか。

韓国のロッテホテルの便箋に書いた、もうひとつの"サッカーノート"。テレビで見た日本対ベルギーの試合の記録と自分の課題をたくさんあげている。

一度だけ、喧騒の最中、ノートに不満をぶちまけたことがある。2ページにわたって。でもその一度きりだった。それですっきりして、切り替えることができた。こんなことでイライラしているのは、時間の無駄だと思った。さすがにここでは公開できないけれど。

ワールドカップが終わり、僕は幸福なことに、イタリアのレッジーナへ移籍することになった。イタリアに渡ったのが7月、そこからシーズン初戦まで3カ月ほどあった。ワールドカップに出られなかったことについて聞きたい記者はまだたくさんいた。なぜなら、僕は結局、それについてほとんど答えずに日本を離れてきたから。
日本から来ていた大勢の番記者、地元のイタリア人の記者みんなが聞きたがった。でも僕は、しばらくその質問に答えるつもりはなかった。
　初めての海外挑戦、セリエAにのめりこんでいくための時間の中で、もう僕には振り返っている暇はなかった。
　いつの間にか9月の風が吹き、ノートには書かずじまいだったということになる。

　ところが、あったんだね。これには驚いた。
　記憶にないけど、あの日韓国で泊まったロッテホテルの便箋に書いたものが残っていた。日本を立った6月4日は、日本代表のベルギー戦だった。ソウルに着いてホテルでテレビをつけたらやっていたのだろう。いつもサッカーノートに書くようなことだ。ちゃんと分析している。あえてサッカーノートを持たずに来た旅だというのに、無意識のうちに紙を探して書いていたということになる。しかも、この便箋を封筒に入れて持ち帰り、サッカーノートにはさんでいたとは。観戦したのは、スタジアムで見た2試合だけじゃなかったのか。
　すべてのノートに何が書いてあるか、表紙を見たらだいたい思い出せるほどなのに、なぜこのことだけ覚えていないのか。こればかりは自分でも分からない。

第4章｜極意 ③
training

トレー

プロになってから、クラブと代表を合わせて
15人の監督のトレーニングを受けてきた俊輔。
ノートにはトレーニングメニューも詳細に
書かれている。その意図は何なのだろうか。

ーニング

体が忘れたときのために

　どんな練習でも、無駄なものはひとつもない。
　僕がトレーニングメニューを書き留めるのは、将来、もし自分が監督になったらそのときに役立てたいと思うのもあるが、一番の理由は、その練習の意図を記憶しておくためだ。
　体は忘れてしまっていても脳だけでも呼び覚ませれば、ノートに書いておいた意味がある。

　マリノスでは特に、アルディレス監督の練習が印象的だった。僕にとって初めてのアルゼンチン人の監督で、憧れていた人だったから、すべてを吸収したいという気持ちも強かった。
　レッジーナでは、セリエAという未経験のリーグで、イタリアならではの練習を一日でも早くこなしたいという気持ちがあった。特別変わったことをやるわけではなかったが、とにかく3年で5人の監督が代わるというめまぐるしさの中で、また言葉の壁もあり、練習中から常に神経を尖らせていた。
　日本代表に招集され、しばらくの間レッジーナから離れるときは、いつも一緒にいてくれた通訳に頼んで、その間のレッジーナの練習メニューを日本に送ってもらったこともある。
　「どんな監督にも使ってもらってこそ一流の選手だ」と考えるようになったのはこの頃かもしれない。ワールドカップのメンバーに入れなかった直後であることも関係しているだろう。

　セルティックのストラカン監督の練習は、4年間同じようなことをやってきた。例えば、必ずどんな日も5人対2人のパス回しをする。ビブスの色は5対2で分かれていて、同じ色の人にはパスを出してはいけない、パスを出したら違うゾーンに移動するなどいくつか決め事はあるが、これが技術向上につながるのか？　と最初は疑問に思うような練習だ。ところが、何年も同じことを続けていると、

だんだんその練習が体に染み付いてきて、狭いスペースの中での同じようなパス回しに、いろいろな工夫が生まれてくる。インサイドパスなのかアウトサイドパスなのか、同じシチュエーションでも違うことをやろうとする。
　今では、これまで使わなかった右足のアウトサイドを使えるようになった。これは新しい武器になった。飛んできたボールを左足一本で受けて、ボールを自分の目の前にあげた瞬間、前にいる相手ＤＦは、左利きの僕なら絶対左に出すと思うはずだ。でも最後に右足に持ち替えてアウトサイドで出したら、欺くことができる。これはいつの間にかやっていたことだ。

　岡田監督は、1998年、19歳の僕を初めて日本代表に呼んでくれた。そのときはその年のワールドカップのメンバーには残れなかったが、10年経って再び呼んでもらえたことは素直に嬉しい。
　19歳の僕にとって、日本代表の練習は刺激的だった。刺激的なときほどノートに書く量が増えるというのは、僕のサッカーノートの法則でもある。見てもらえれば分かるとおり、非常に細かいことまで書いている。キャンプ中、毎日のように練習が終わると書いていたことを思うと、"若手"だった僕が懐かしい。
　当時のメニューと現在の岡田さんのメニューでは変わっていないものもある。基本的に心肺機能を上げるための練習が多い。練習中から試合と同じような負荷をかけておくと、それに応じた心臓や筋肉になるという理由からだと思う。ハアハア言わせて、休みも短い、その連続でかなりきつい練習だ。

　それぞれの監督が、個人の力をつけるため、チームの勝利のために考案したトレーニングメニュー。数年前のものだろうと、役に立つのは当然だ。僕は、シーズン前の自主練習で応用することもある。

2000年〜2001年 横浜F・マリノス監督
オズワルド・アルディレス
のトレーニングメニュー

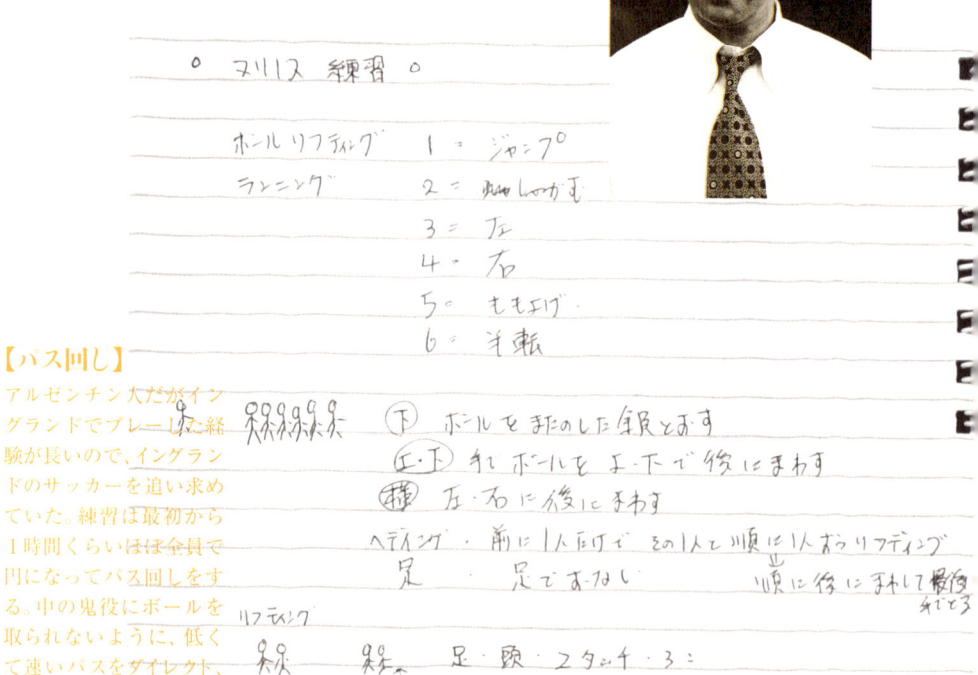

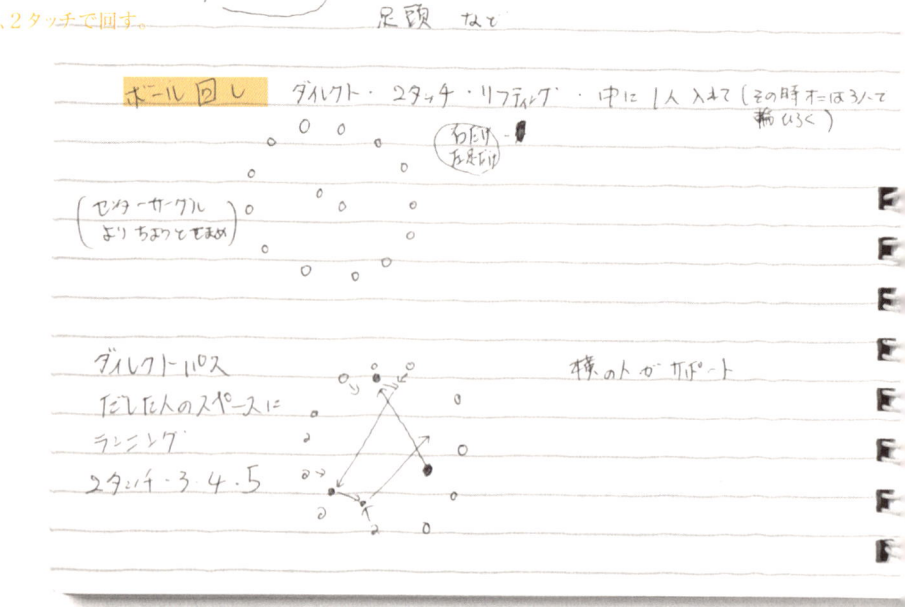

○ マリノス 練習 ○

ボールリフティング　1＝ジャンプ
ランニング　　　　　2＝膝しめかえ
　　　　　　　　　　3＝左
　　　　　　　　　　4＝右
　　　　　　　　　　5＝ももあげ
　　　　　　　　　　6＝半転

【パス回し】

アルゼンチン人だがイングランドでプレーした経験が長いので、イングランドのサッカーを追い求めていた。練習は最初から1時間くらいは全員で円になってパス回しをする。中の鬼役にボールを取られないように、低くて速いパスをダイレクト、1タッチ、2タッチで回す。

(下) ボールをまたのした後とおす
(上・上) 手でボールを上・下で後にまわす
(横) 左・右で後にまわす
ヘディング・前に1人向けてその人と順に1人おきリフティング
足・足ですまなし　順に後にまわして最後ダイレクト

リフティング
　　　　　　　足・頭・2タッチ・3：
　　　　　　　足頭 など

ボール回し　ダイレクト・2タッチ・リフティング・中に1人入れて（その時オーはあるって輪ひろく）

(センターサークルよりちょっと大きめ)　○ ○ ○ ○ ○　⟨石けり　たおすだけ⟩

ダイレクトパス
だした人のスペースに
ランニング
2タッチ・3.4.5　　　　　　　　　　横の人がサポート

オズワルド・アルディレス
1952年、アルゼンチン生まれ。78年のワールドカップで、代表の中軸として優勝に貢献した。90年からイングランドで監督業に就き、96年、清水エスパルスの監督として来日。その年のナビスコカップでタイトル獲得。2000年に横浜F・マリノスの監督に就任すると、半年で優勝に導いた。03年、東京ヴェルディ1969の監督に就き、04年度の天皇杯で優勝。カリスマ性があり、俊輔に限らず、日本で影響を受けた選手は多い。

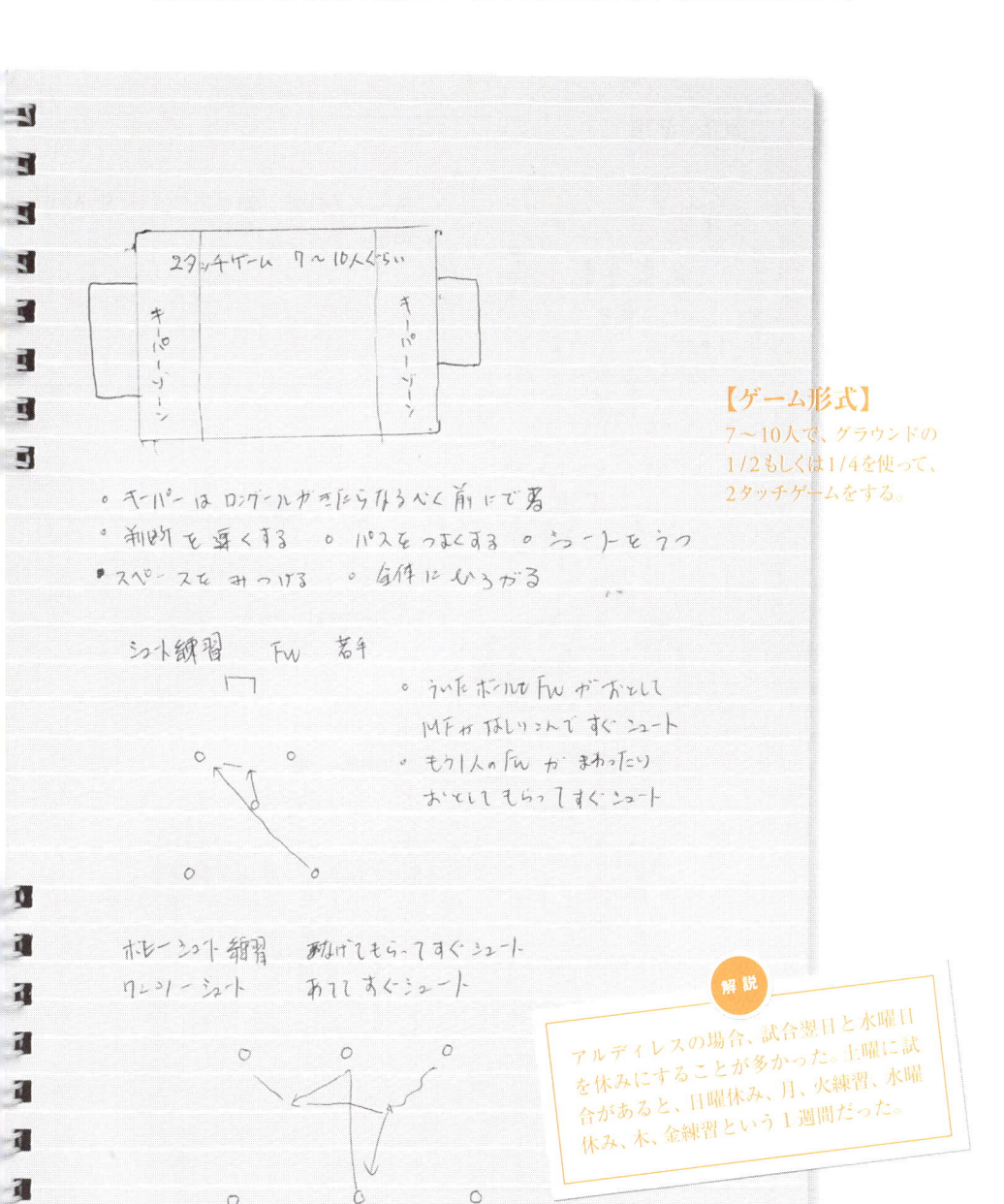

（手書きノート図：2タッチゲーム 7〜10人ぐらい／キーパーゾーン）

- キーパーはロングフィードしたらなるべく前にで受
- 判断を早くする ・パスをつなぐする ・シュートをうつ
- スペースをみつける ・全体にひろがる

シュート練習　FW　若手

- うしたボールでFWがおとして
  MFがないとこですぐシュート
- もう1人のFWがまわったり
  おとしてもらってすぐシュート

ヘディングシュート練習　あげてもらってすぐシュート
ワンツーシュート　あててすぐシュート

【ゲーム形式】
7〜10人で、グラウンドの1/2もしくは1/4を使って、2タッチゲームをする。

解説
アルディレスの場合、試合翌日と水曜日を休みにすることが多かった。土曜に試合があると、日曜休み、月、火練習、水曜休み、木、金練習という1週間だった。

2005年～2009年 セルティック監督
ゴードン・ストラカン
のトレーニングメニュー

解説

スコットランド・プレミアリーグのトレーニングは、イングランドと同様、基本的には非公開となっている。セルティックの練習場は、街中から車で40分ほど離れた山のふもとにあり、街中と比べると気温も低く、冬は雪が積もることもある。試合前日だけは、トレーニングの冒頭20分がマスコミに公開される。

セルティック トレーニング

鬼ごっこ

ボールを使い保持していれば鬼にならない

・ハードルをまたいでパス ステップをふむ
・インサイド またぎ → アウトサイド パス
　アウトサイド またぎ → インサイド パス

【鬼ごっこ】
試合前日によくやるメニュー。トレーニングの最初に、走らせるためのアップとしてメンバー全員で行われる。絵のような枠の中で、鬼をひとり決めて、ボールは入れずに始まる。途中からボールが入り、ボール回しをしながらの鬼ごっことなる。鬼は、ボールを持っている人にはタッチできない。また、立ち止まっていると監督にコールされ、鬼にされてしまうので、足は動かしていないといけない。

ゴードン・ストラカン
1957年、スコットランド・エジンバラ生まれ。現役時代は、代表選手として50試合に出場した。97年から指導者の道に進む。2005年〜2006年シーズンからセルティックの監督を務め、俊輔とともに4シーズンを過ごした。就任から3シーズン連続でリーグ優勝を果たし、06年と07年に国内最優秀監督賞を受賞した。俊輔のことを「天才だ」と繰り返し言っており、俊輔の良さを生かすチーム作りが成功した。

- ワンツー
- オーバーラップー
- うき球 ボレー

○ フリータッチ、ポールの間をパスで通す
　パス10本で1点

【ボールを使うゲーム】

これも試合前日によくやるトレーニングメニュー。グラウンドの半面を使う。2本のボールで5カ所のゲートを作る。8〜9人ずつ2チームに分かれてボールをキープするゲーム。3分×4セット行われる。最初の2セットは、ボールをどこかのゲートに通せば1点。相手の選手にボールを一度でも触られたら無効になる。次の2セットは、最初のルールに加えて、パスが10本つながれば1点加算される。

1998年 日本代表監督
岡田武史
のトレーニングメニュー

解説

97年に劇的な"ジョホールバルの奇跡"でワールドカップフランスへの出場権を得た日本。年が明け、いよいよワールドカップまで4カ月と迫った2月、新たに4人のメンバーを加えてオーストラリアでキャンプが開かれた。その4人のうちの1人がまだ19歳の中村俊輔だった。キャンプに呼ばれたのは29人、3月のダイナスティカップに向けて、キャンプ後には20人に絞られることになっていた。

代表キャンプ　オーストラリア
・早く　なれる　残る
　（パス・考える）スピード
2/9

ミーティング

（相手が長い横パス）→ 身体上げる
くさび・トラップミス

　　　　　　速攻 →

【ミーティング】
キャンプ初日に開かれたミーティング。戦術やポジショニングに関する説明があった。

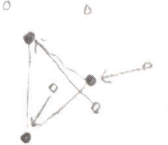

2枚目　ぬけね。

つなぐ時はつなぐ
ける時はける。

守　は助走からしかけね。トップは、たてにけらね
　　　　　　　もどりながらヘディングはできない。
1対1、周りはカバー　のくり返し。

パスは強く　次へ
つなげ（ある力）足は出す。

ストッパーがつり出されたら
逆のボランチが下がる

岡田武史
1956年、大阪府生まれ。早稲田大学卒業後、古河電工でサッカーを続ける。80年に日本代表に選ばれ、国際Aマッチに21試合出場した。現役引退後、ジェフ市原（現・ジェフ千葉）でコーチを務め、95年に日本代表チームのコーチとなる。97年10月、加茂監督が解任され、監督を引き継ぎ、ワールドカップフランスの出場権を獲得した。2003年から06年の途中まで横浜F・マリノスを指揮し、08年から再び日本代表の監督となった。

2/10
朝 サーキット （チューブ）

午後
8対8
・ボールによらない
・チェックの動きまっすぐかからない
・ミスをしない ボールのくる前にみる 速く→近く
・おちついたプレー いつもと同じ 自分のプレー
・ボールぎわのプレー 相手にさけない
・パススピード → 速く判断
・ファーストタッチのとめ方

ミスはしない
集中

解説
フィジカルトレーニングは、ブラジル人のフラビオコーチのメニューだった。

【8対8】
2つのグループに分かれて、それぞれハーフコートで8対8のミニゲームを行う。「ボールに集まり過ぎだ」と岡田監督の声。スペースを作って攻めていく岡田流サッカーを、体に覚えさせるための練習だった。

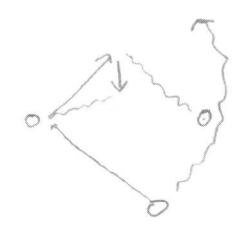

1998年 日本代表監督
岡田武史
のトレーニングメニュー

> **解説**
> 2月14日、俊輔は肉離れをおこしてしまい、その後は別メニューとなった。15日にキャンプの成果をテストするオーストラリア代表との試合があり、同じ新メンバーの柳沢敦、増田忠俊は出場機会を得た。

2/18 午前 移動

午後 1人トレーニング

ボールを受ける、おちつく、余裕、回りをみておく、正確性

体のボディーバランス・心で強気
　｛自分は相手より上
　｛自分を信じる

"体は心で動く"

強いパス、トラップの(位置 距離)

受ける前の視野の確保
　　　⇩
　　のフェイント

自信がないのは 代表に入ったイメージで練習していないから
気楽な気持ち(オリンピック)で練習しない
いつも代表を意識して練習する
すぐにでもまた呼ばれるように成長してまた戻る

> **解説**
> 当時の日本代表は、中田英寿がピッチ上のリーダーで、三浦知良や北澤豪、名波浩、山口素弘らがチームの色を作っていた。ひとり10代の俊輔は、キャンプ中、「学べることは学びたいのでやりがいがある」と言った。

2/19

代表合宿を終えて

代表のレベルは最初はもっと高くて手がとどかないのかと思った。練習をやっていくうちに少しづつなれた。でもまだまだだった。判断のスピードが中盤の人はとても早い。ボールを受ける前にどこかフリーか、どこに出すかは2つ以上みつけておく。

中田さん・縦パス・スペースでの動き・シュート力
　　　　　・ボディーバランス・足もとへのスルーパス

名波さん・ファーストタッチ(トラップ)の位置(左インサイド)
　　　　　・サイドチェンジのパス・チェックの動きで受ける

山口さん・ボールぎわのトラップ　パスを出した後の
　　　　　サポート・ファーストタッチ(インサイドで反転)

森島さん・ファーストタッチ(インサイド足裏)(体の前に出す)
　　　　　オーバーラップのガイド　バックを使うパスの質。

カズさん・ボールを受けるスペースえらびたい早い

柳　さん・くさびのはいるタイミング・トラップ相手と
　　　　　しっかりあてて　キープしながら顔が
　　　　　上げれて、パス

1998年 日本代表監督
岡田武史
のトレーニングメニュー

解説

中盤は北澤、中田、名波、山口のほか、本田泰人、服部年宏、平野孝、森島寛晃、増田らがいた。俊輔も練習試合でボランチを試されるなど、中盤をどう構成するかはこのキャンプで岡田監督がテストしたい大きなポイントだった。

中盤のトライアングル

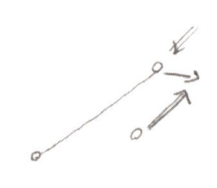

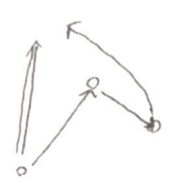

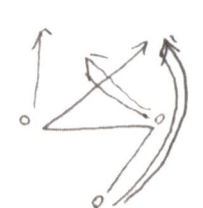

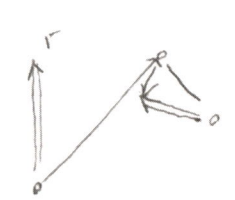

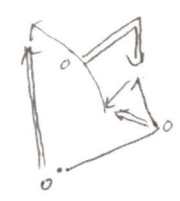

- 味方があけたスペースに他の人が入ってくる
- グラウンドを大くつかう 人と人の距離をとる
  ＝ プレッシャーがかかりにくくなる
- なるべく前を向いたプレーヤーにボールを回す
- 前を向くじょうきょうを自分でつくる
- プレッシャーが はやい ⇒ ダイレクトプレーが きく
- パススピードを はやく、ボールのしょりを はやく
- 相手が背負った時に、プレッシャーつめる
- 人と比べない 自分は自分 負けてたら勝てばいい
- 負けたは1日でいい、とられたらとりかえす
- オリンピックは代表である自覚をもって自分のプレーをする

> **解説**
> オーストラリアから帰国した翌日、2月21日にダイナスティカップのメンバーが発表された。俊輔は「ケガではなく実力がないだけ」と書いているが、選考から外れたのは明らかに肉離れが理由だった。彼がケガをする前、ボランチで出場した練習試合で見せた類稀なるパスセンスは、すでにワールドカップのピッチに立つ姿を想起させていた。

課題

フィジカルトレーニング　筋トレ、サーキット、ラダー

・ボールがない時の動き
　・チェックの動き　　・相手と勝負しない受け方
　・スペースへ出る動き　・視野が確保できる動き
　・トラップとダイヤモンドの動き

・トラップの質
　・1回で前を向くトラップ
　・相手がプレッシャーをかけてきた時の逃げのトラップ
　・相手をぬくトラップ
　・スピードにのった時のトラップ（逆方向へトラップ↗）

・シュート（ロング・ミドル）

・判断　ダイレクトがいつでもできるように
　　　　　任、回りを見てイメージする

・代表から落ちたのはケガではなく実力がないだけ。
　力をつけて丁で自分のプレーを出して認めてもらってすぐに戻る。代表にいた方が世界とできる上でやった方がうまくなる。あきらめない。何内でも入ってやる。

第5章 ｜ 極意 ④
mental

メンタル

俊輔が階段を上ってこられたのは、ここにある"自分が自分にかけた言葉"の力が大きいだろう。自分に勝つ、自分を信じて、自分に負けない……。だから今、俊輔はここにいる。

　　　　そって寄りは
　　　　　なイメがはまったく関係な
　　　　　　のレベルアップ．うまく
　　　　考えて練習する！
　　＝自分で調整してセーブ
　　　自分で限界をつくらない
　　強くなる．1対1で絶対
　体で負けない！ハートで負け

ゲームをくみたてる！！

ノートのターニングポイント

　2001年5月、日本代表がワールドカップ前哨戦とも言えるコンフェデレーションズカップに挑んでいた頃、僕は川崎市の病院の無菌室にいた。春頃から痛み出していたヘルニアの具合も相当に悪かったが、5月に入ると原因不明の熱に悩まされていた。発疹が目立ってきたので病院に行くと、「大人のはしか」だと言われそのまま入院となったのだった。

　それより1カ月前——。僕は4月25日のスペイン戦のメンバーから外されていた。自分のコンディション不良と、マリノスが最下位だったこともあり、落選するのではないかという予想はあった。急に与えられた4日間のオフに、高校の同級生と温泉に行った。サッカーボールに4日間も触れなかったのは初めてのことで、サッカーから離れてリフレッシュすることのメリットを感じていた。

　しかし、病は体の奥底に潜んでおり、結局は入院。無菌室からは出られたものの、しばらくは安静にしていなければならなかった。病院の大広間にあるテレビ画面では日本代表が戦っていて、たくさんの患者が群がっていた。僕は「絶対に見るもんか」と思って病室に戻ったが、「この悔しいことから逃げてはいけない」と思い直して、有料テレビに100円玉を入れた。

　それから2カ月間サッカーには戻れなかった。その間、いろいろなことを試した。車を買い替えたり、引っ越してみたり、寺で座禅を組んだこともあった。「何か環境を変えなければ」という強迫観念のようなものに駆られていた。7月に復帰したときには、心の成長も大きく遂げていたような気がする。物事を長い目で見ることができるようになっていた。

　3年後、セリエAのレッジーナで試合に出られない日が続いていた。そのとき僕が思い出したのが、2001年をどうやって乗り越えたかだった。温泉に行ってリフレッシュしたこと、実家に行ったり、

友達と食事に行くなど思いついたらすぐに行動していたこと。サッカーから離れたことで再び向上意欲が湧いたなど、それを参考にしてどう過ごすべきかをノートに書いた。

2004年はイタリアにいた3年間の中で最も辛い時期だった。それだけにメンタル面について書き記すことが多かった。僕の住んでいたレッジョ・ディ・カラブリアには娯楽施設もほとんどなく、海で遊ぶくらいしか余暇の過ごし方がなかったから、家でノートに向き合う時間も多かった。孤独と戦い、自分の心に耳を傾けていた。

メンタル面が一気に増えていくという点で、2004年は僕のノートのターニングポイントだったかもしれない。

ワールドカップドイツが終わり、2006年9月、オシムさんが日本代表監督に就任した。僕は前年、レッジーナからスコットランド・プレミアリーグのセルティックへと移籍していた。グラスゴーで、新しい日本代表のことが気になっていた。ワールドカップが終わり代表監督が代わることで、代表チームがガラッと変貌するのは当然のことだ。なかなか呼んでもらえない時期に、「ナカムラはハードワークしない」なんていうオシム監督のコメントが新聞に載ったりすると気が気じゃなかった。

日本代表の情報を、スタッフやヤット（遠藤保仁）から聞いたりもしていたけど、まずはセルティックで結果を残そうと思った。それに集中しようと。オシムさんがどんな人か分からないけど、全力で結果を出してまずは納得させる。そうすれば呼ばれるチャンスはあるかもしれない。その年の僕の気合は、最終的にMVPがもらえるほどだったと言えば伝わるだろうか。

ノートには、このときのことも書いてある。メンタルの記述は行き詰ったときに見返すことが多い。同じことを何度も書いているけど、僕のノートの神髄といってもいいだろう。

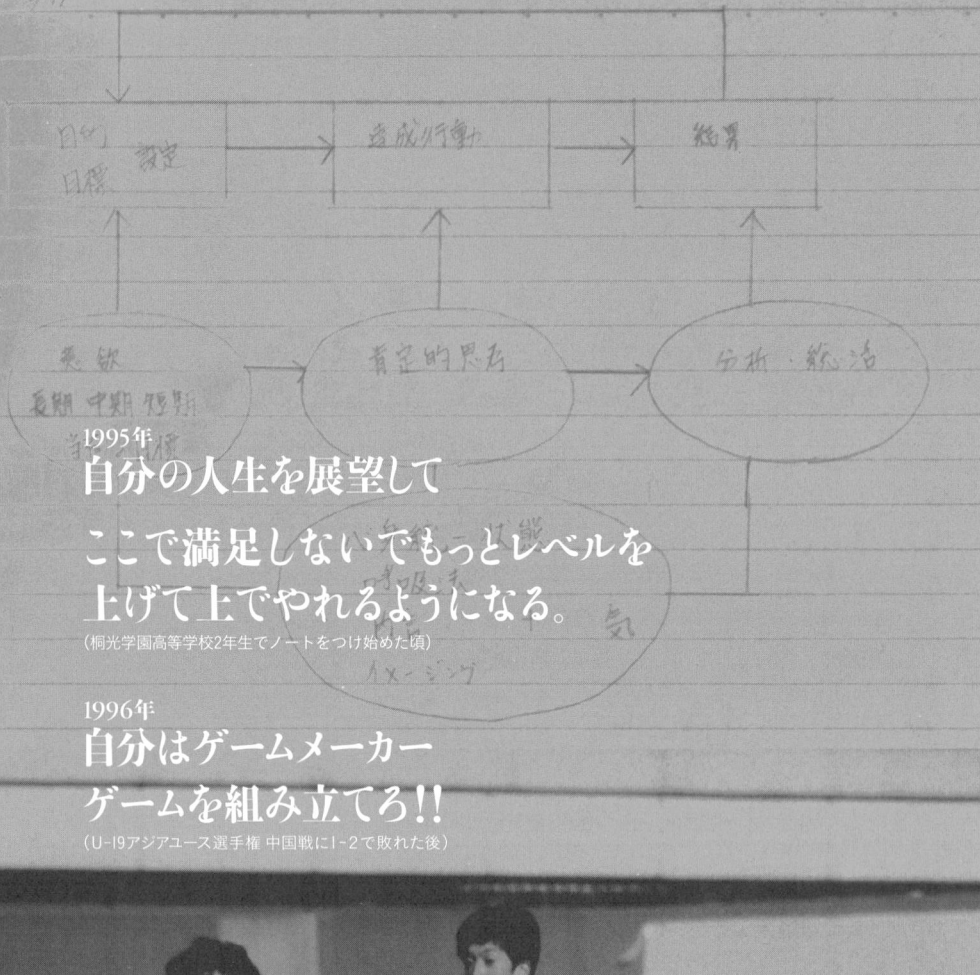

1995年
自分の人生を展望して
ここで満足しないでもっとレベルを
上げて上でやれるようになる。
(桐光学園高等学校2年生でノートをつけ始めた頃)

1996年
自分はゲームメーカー
ゲームを組み立てろ!!
(U-19アジアユース選手権 中国戦に1-2で敗れた後)

1997年
いかにしたら自分を高い集中状態に置くことができるか。

メンタルタフネスをつかむために→自主性、自発性、感情のコントロール、強い責任感。
世界の一流選手は試合のたびに強烈な精神力を出す。平凡な選手と一流選手の違い。自分との闘い。自分さえコントロールできれば他は苦にならない。
自分のベストを尽くすことに専念できた時ほど結果がいいのはそのためだ。

(横浜マリノスに加入したばかりの頃)

1998年
代表の10番、みんなと同じレベルではいけない。もっと努力して、もっとレベルを上げる。
自分に足りないものを見つける。
フィジカル+シュート+視野の広さ

(日本代表のデビュー戦はまだだったが、シドニーオリンピック代表では10番として中軸を担っていた頃)

1998年2月
自信がないのは代表に入ったイメージで練習していないから。
気楽な気持ちで練習しない。いつも代表を意識して練習する。すぐにでもまた呼ばれるように成長してまた戻る。

(初めて日本代表のキャンプに参加したとき)

1998年2月

代表から落ちたのはケガではなく実力がないだけ。
力をつけてJで自分のプレーを出して認めてもらって、またすぐ戻る。
代表にいたほうが世界とできる。
上でやったほうがうまくなる。
あきらめない。
何回でも入ってやる。

(初めて参加した日本代表キャンプを終えて)

1998年2月

人と比べない。自分は自分。
負けてたら勝てばいい。
負け犬は1日でいい。
取られたら取り返す。
オリンピックは代表である。
自覚を持って自分のプレーをする。

(初めて参加した日本代表キャンプを終えて)

1998年2月
自分を信じる。
オレより練習やっている奴はいない。
絶対勝てる。
もし負けていたらまた勝つ努力をすればいい。
限界はないから、自分が100％出したと思っても、絶対まだ100％を越えられる。
限界は自分が勝手につくっている。

（初めて参加した日本代表キャンプを終えて）

2000年
そのゲームで自分が一番目立つように努力する。
外の声が気になっているようじゃまだ小さい。
「いいプレー出来て当たり前」の目で見られるのがいやだけど、それをやってのけるぐらいでないとだめだ。
批判しか言わない奴はプレーでだまらせる。
何も言わせないプレーヤーになる。
そのために一つ一つのゲームに集中し、いいプレーをするために努力する。
モチベーションを上げる。
人がだめでも自分は生きる。
人に流されない。向上心を持ってやる。

今自分が足りないもの。フィジカル、シュート、ゴールの意識、技術、経験

（横浜F・マリノスがJリーグファーストステージで優勝したばかりの頃）

○ そのゲームで働ず1番賭けようル努力する
　外の声が気になっているおりじゃだめだ。
　「いいプレーしてあまりなえ」の目で見られるのがいや
　だけど、それをやっていけるぐらいではないと
　だめだ。批判しか言わない奴はプレーで
　だまらせる。なにも言わせないプレーヤーになる。
　そのために1つ1つのゲームに集中しいいプレーをする為
　常々する。モチベーションを上げる
　人がだめでも何かは生きる　人にながされない
　何より心をもってやる。
　今自分がたり無いもの
　フィジカル・シュート/ゴールの意識　技術・経験

2000年6月4日
**自分が世界で通じないだろうと心で決めて
いたら、J止まりになる。
自分はやってやる。
他の国でやる気持ちで練習する。
2002に必ず出る。取られない。
克服する。取られても取り返す。
落ちても上がる。**
(ハッサン二世国王杯　フランス
に2-2の末PK戦で負けた後)

2000年6月4日
相手は世界一、通じないことが多いが、
たくさん得るものが絶対ある。
この試合の後が大事だ。
自分が出る。

（ハッサン二世国王杯　フランス戦前）

2000年9月
自分は代表選手だ。
五輪に負けてはいけない。
代表の自覚、意地、貫禄、プレーを見せる。
何をしたいのか、どんなプレーをしたいのか、
どんな貫禄を見せたいのか。

（シドニーオリンピック直前）

2000年
いつも危機感を持って試合をしろ。
目標に向かうために全力で取り組め。
上に行くためにはJリーグでアピールしろ。
弱みを見せるな。
アシストをするよりゴールを奪え。
気持ちの見える試合をしろ。
自信とアイデアに溢れたプレー。
Jリーグ→代表→海外

（横浜F・マリノスですでに人気絶頂だった頃）

2002年7月22日

自分が浮いていると感じても、力がないと感じても、サッカーがうまくいかなくても、努力だけはやめてはいけない。カベから逃げると次のカベもまた逃げる。
カベを乗り越えようとしている時が一番きついけど一番伸びてる時。
うまくいかない事が多いけど、自分を信じてサッカーに打ち込む。
自分を見失わない。ディフェンスの時に距離を保ち過ぎない。
スピードを落とさないでアタックする。

(セリエA・レッジーナ移籍が決まって)

2002年
他の選手が試合に出て、いいプレー悪いプレーしてるかは気にしない。
すべては自分。努力し続けて自分が向上することだけを考える。余計なことを考えて、メンタルを落とさないようにする。
試合でいいプレーが出せなくても焦らない。その代わり、試合に出たら何かを残すプレーをする。普通のプレーヤーにならないためにも自分を見失わない。
シュート／スピード／ワンタッチ
次に出すパスコースをイメージする。
競り合いに対して考える。

（レッジーナでの最初のシーズンが始まって間もない頃）

2002年 10月5日
誰かの代わりと思わない。
チームのため自分のためにプレーする。
見せつける。自分のほうが上ということを見せつける。強く激しく、90分間戦う。

（ロベルト・バッジョのいるブレッシアとの試合後）

2003年3月
残り8試合。
絶対にポジションを渡さない。
もっと自分の価値を上げるために22人の中で一番いいプレーをする。

（白星が続かず、リーグの下位を低迷していた頃）

2003年4月

監督が誰であれ、ポジションがどこであれ、グラウンドがどうであれ、そんなのは誰も気にしてくれない。選手はグラウンドでいいプレーをして結果を出したもん勝ちだ。

この競争から逃げれば、負ければ、どうせまたあとで同じ事になる。
自分に勝って、結果を出すのがプロ！
厳しいプレー、すべての競り合いに勝つ気持ち。練習の時からくせをつける。
残り5試合。全力でやる。勝つ。

(レッジーナが下位を低迷していた頃)

2003年
どの監督だろうが自分がグラウンドに立つ！
1対1で負けないプレーを身に付ける。
負け、失敗、プレッシャー……
越える努力をしていれば、レベルも上がる。
止めてしまえば、手を抜いてしまえば、そこで
負け。自分に負けるのが一番取り返しがつ
かなくなる。
選手として終わりだ。

（レッジーナの監督が次から次へと替わる中で）

2004年2月8日
バッジョはバッジョらしいプレーで輝いている。
自分らしいプレー、イメージでプレーする。
他人のプレーを自分のものにした時は、
焦らず自分のプレーにまぜていく。
相手の逆をとる。読めないプレー。
創造性溢れるプレー。魅了するプレー。
キックフェイント。ループ。
自分のプレーに磨きをかけ、結果を出す。

足りないもの
ダッシュ力、力強さ、メンタル

（レッジーナ対ブレッシア 0‐0で引き分けた試合後）

2004年4月
活躍の種類はいっぱいある。
みんなの期待に応えようとしすぎない。
（日本代表対シンガポール戦の反省をあらためて別の日に）

2004年3月31日

シンガポール戦もしょうがない。
起こしてしまったことはもうしかたない。
でも、どうして起こしてしまったのか？
これから取り返す。
まず、休む時は休む。練習で集中し、全力で練習し、また意欲、向上心をかきたてるためにいろいろやる。練習でうまくプレーできなくても、イライラせずに分析し、次に生かす。セリエAなんだから、簡単にプレーできないのは当たり前だ。いやがるな。冷静に。

試合勘は簡単になくならない。
自分にはたくさん武器がある。
まず一つ一つのプレー(フリーキック、スルーパス、ドリブル)に集中し、自信を持つ。
誰にも負けない。ここで負けたらこの先またカベにあたったら、またそこで逃げるだろう。
負けぐせがつく、逆にこの悔しさをいいステップにして、また上に行けばいい。
あの頃があったから今があると、この先言えるようにするためにも今から変わる。
絶対負けない。その先は明るい事ばかり。
そうするためにも絶対妥協しない。
負けない、誰にも。一番になる。

(ワールドカップドイツ アジア地区1次予選 シンガポール戦後／イタリアから試合前日にシンガポールに到着し、試合後「僕自身全然切れがなかった」とコメント。レッジーナでも試合に出られない日が続いていた頃)

2004年
代表戦はたしかに悪かった。
サッカーを楽しむためのメンタルコンディションが悪すぎた。
大切なのは次だ。失敗をした次の試合。
次までに何が悪かったか、調整して、次の試合には二度と同じ事を繰り返さないのがプロ、いい選手だ。

2004年10月18日
試合に出られないのは、自分の力がないから。
ふてくされている時間、落ち込む時間があるなら、自分に足りないものは何か考えて、練習し、監督にアピールし試合に出て、結果を出す。
努力をしろ。

(レッジーナ対サンプドリア 後半20分から出場した試合後／3日前にワールドカップドイツ アジア地区1次予選のオマーン戦を戦ってきたばかりだった)

2004年
自分は出来ないと思った瞬間からもう絶対出来ない。
練習して自分を信じる。絶対ビッグプレーヤーになる(努力)。
体の大きさ、スピードだけではないのが、サッカーだ。(技術、メンタル、頭の良さ、情熱)

(セリエAでフィジカルの足りなさを感じて)

2004年
あまり自分を追い詰めない。試合に出られない→出た時に必ず活躍する意識を持ってピッチに出ればいい結果が必ず出る。
筋トレを意識しすぎない。
一番はサッカー。向上心。意欲。楽しむ。
あきらめない。自分が下を向いていたら周りも離れていく。明るく。
今まで何回もカベを乗り越えてきた。
努力をすればいつかは必ず返ってくる。
何のためにセリエAに来たのか考えろ！
休むときは休んで体とメンタルも休ませる。
そうすれば自然に忍耐力がついてくる。

（レッジーナで試合に出られず苦しんでいたとき）

2005年
1対1で絶対負けない。サッカーはメンタルスポーツ。試合に出られない、いいプレーが出来ない時こそ、ストレスをためずに、フレッシュなメンタルでトレーニングする。
遠い距離のFKに課題。ドリブルの切れ、DFに捕まえられない方向転換スピード。
PK、FKの時に軸足の確認をすること。
自分のやれる事にベストをつくす。
もっとうまくなれる時がくる。
相手の前で自分に絶対負けない→
日頃ストレスをためない。点とって絶対勝つ。

（レッジーナで膝を痛めていた頃）

2005年8月20日
人の良さは認めて、自分のものにするようにする。
でも自分は自分の良さがある。
それをチームにどう合わせるか考える。
(初めて経験した伝統あるダービーマッチ、
セルティック対レンジャーズ戦を黒星で終えて)

2006年1月
新聞の採点が低いのは当たり前。
ハードスケジュールにカゼをひいては仕方がない。
カゼを治すのにエネルギーをかなり使ったために、
練習でのコンディションが悪かった。
ましてや筋力も落ちてるし……
今までの疲れもあるし……
でも逆に考えれば、体が1回ゼロになった分、
また体を作り直しながら、自分に何が足りないか
を見つけて練習すればいい。
(セルティックに来て最初のシーズン、寒い冬を迎えて)

2006年7月29日
横浜→ハーツ→チェルシー→リーグ戦とタイトなスケジュールだけど、ここは逆に信頼を勝ち取るチャンス。
メンタル、肉体的にタフさが必要→しっかりリカバリー

（セルティック対キルマーノック 4-1で勝った試合後／その後、日本でマリノスと8月3日に試合があり、戻って6、9、12日と連戦を控えていた。決意表明通りどの試合も目立つ活躍をした）

2006年8月9日
オシム監督になって初めてのゲーム。
試合に出ているのは、ジーコ監督の時とはまったく違うメンバーで若い。
動けるだけがサッカーではない。
自分は堂々としているわけにはいかない。
もっとうまくなっていいプレーをしていて初めて呼ばれる。
自分は平気だ、という考えはなくせ！
若いやつが出ていても「嫉妬」する必要は全くない！
「批判」する必要もない！
自分の事だけ考えて努力する！
そうすれば誰にも負けない！

（ワールドカップドイツ後、新しい日本代表に招集されず悩んでいた。しかしオシム監督は、スコットランド・プレミアリーグが始まったばかりなのを考慮してのことだった）

2006年8月17日

今の日本代表の事を代表だから気になるけど、
代表に呼ばれないからといって、劣っているとは
限らない。
いろんな人の個性があって、タイプもある。
監督の考えもある。でも本当にいい選手なら
呼ばれる。
そういう選手にならなければならない。
何歳かはまったく関係ない。
自分のプレー、自分のレベルアップ、
うまくなるためだけを考えて練習する！
まずはメンタル＝自分で調整してセーブしては
いけない。
自分で限界を作らない。
もっと上にいって強くなる！
1対1で絶対負けない！ 体で負けない！
ハートで負けない

(オシム監督に呼ばれず悩んでいた頃)

2008年
ファンタジスタ
努力することが才能　人間万事塞翁が馬
（「人間万事塞翁が馬」は岡田武史監督がよく口にする言葉でもある）

2008年
心が変われば行動が変わる
行動が変われば習慣が変わる
習慣が変われば人格が変わる
人格が変われば運命が変わる
（星稜高校野球部、山下監督が松井秀喜に送った言葉として有名だが、出典はアメリカの哲学者、ウィリアム・ジェームズの言葉）

2008年
本能に忠実であればあるほど、ひたすら勝負に勝ちたい一心であの手この手で、相手の意表をつくような作戦を考える。
これが「勝負脳」。
勝負に勝ちたいと願い、相手を上回る戦略をあれこれ考える事は、人間に備わった才能のひとつ。

過去に成功したプレーのイメージを繰り返し脳内で反復し、そのイメージ、記憶をプレーの際に再現させている。
だから体が自然に動く。

（林成之著『〈勝負脳〉の鍛え方』の中から）

2001年
自分が目立って世間を騒がせろ。
新聞の一面に載れ。
貪欲にプレーしろ。
自分が一番という気持ち。
自分にプレッシャーをかけてプレーしろ。
(自分が納得のいかなかった日本代表の試合が続いた後で)

ICE BLUE

「信念」

もし、あなたが負けると考えるなら、あなたは負ける。
もし、あなたがもうダメだと考えるなら、あなたはダメになる。
もし、あなたが勝ちたいと思う心の片隅で無理だと考えるなら、
　あなたは絶対勝てない。
もし、あなたが失敗すると考えるなら、あなたは失敗する。

　世の中を見てみろ。最後まで成功を願い続けた人だけが
成功しているではないか！
すべては、「人の心」が決めるのだ！

もし、あなたが勝てると考えるなら、あなたは勝つ！
向上したい、自信を持ちたいと、もしあなたが願うなら
あなたはその通りの人になる。

　強い人が勝つとは限らない。
すばらしい人が勝つとも限らない。

「私はできる！」そう考えている人が、結局は勝つのだ。

　　　　　　　　　　　　　　　　ナポレオン・ヒル

成功哲学を説いた、ナポレオン・ヒルの一説。17歳の
ときのノートには同じ文言がプリントされたものが
貼られている。 2006年になりそれを書き写した。

第6章｜極意 ⑤
image
イメージ

ノートにイメージ画を描くのは、
俊輔のオリジナルだ。絵はときに俯瞰で
描かれる。彼の視野はいつでも広い。
1枚の絵から幾手も先のイメージを頭の
中に描くのが、楽しいと言う。

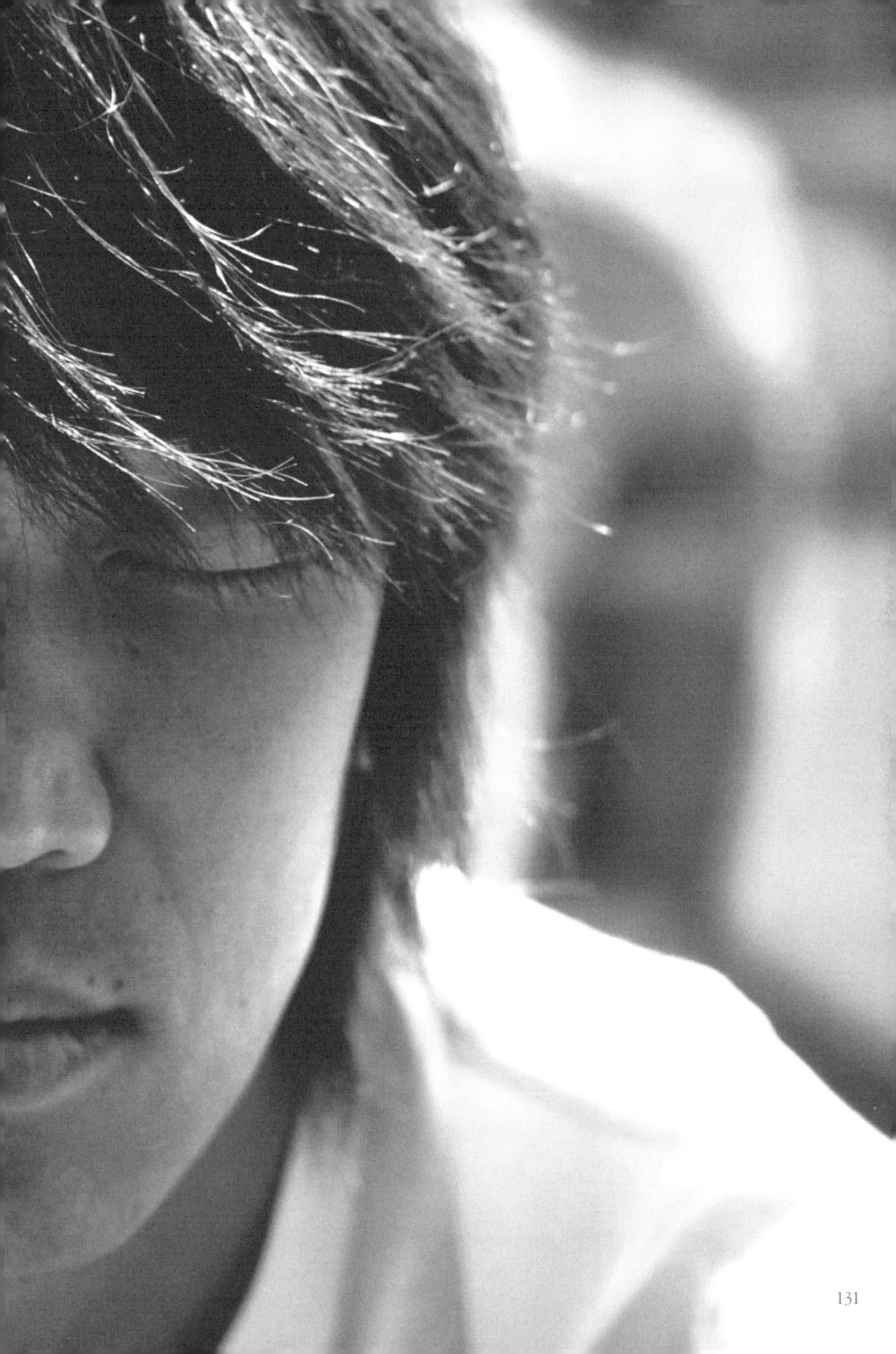

132

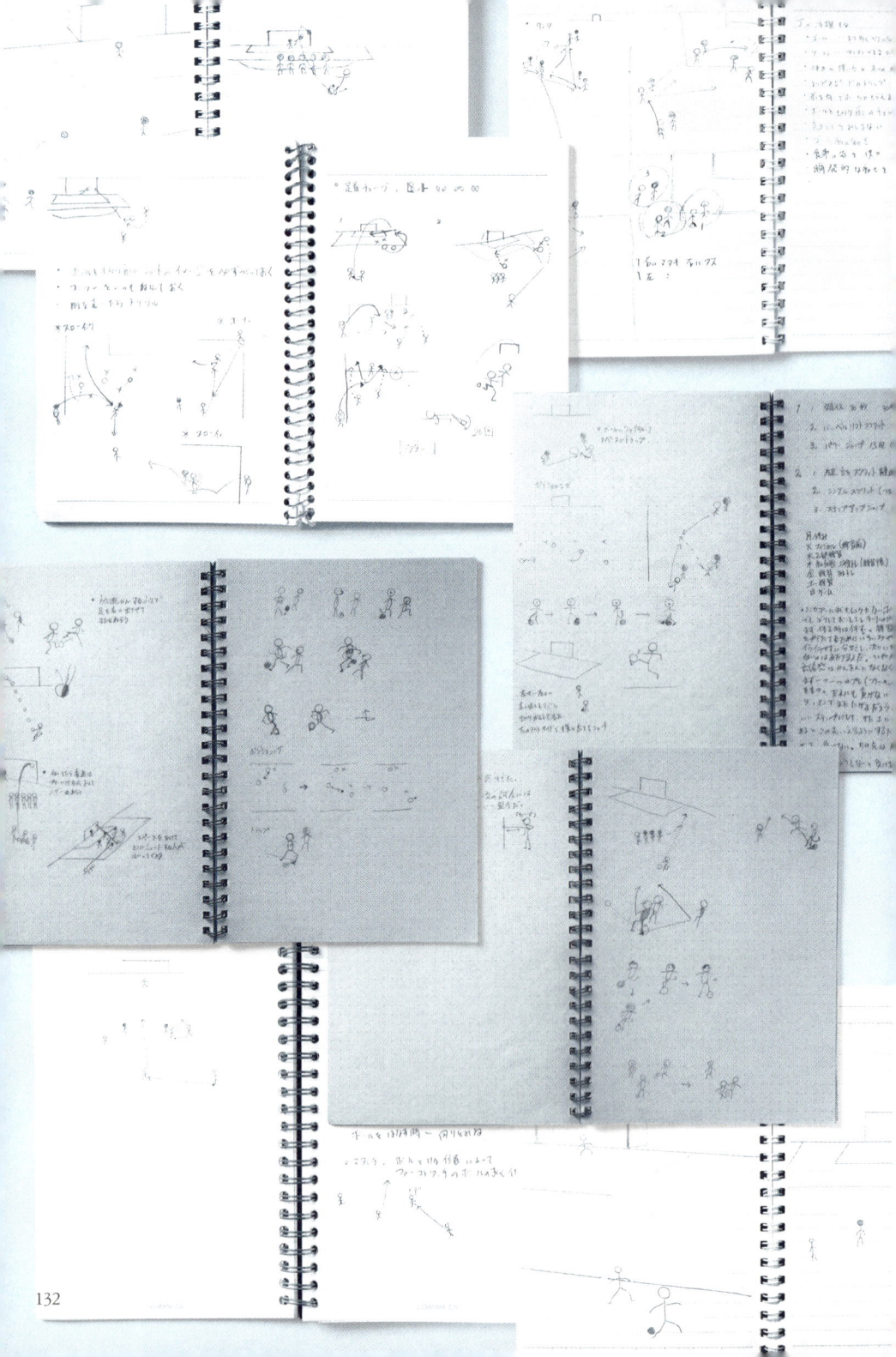

イメージがないと体は動かない

　僕の頭の中には、サッカーにおける無数の場面がストックされている。ボールの持ち方ひとつをとってもそうだし、ドリブル、フェイント、フリーキック、コーナーキック、スローイン、あらゆる場面で"なにかやろう"としたとき、頭の中にその完成形が描けていないと、成功は程遠い。

　例えば、僕がときどきやるドリブルのルーレットだって、練習はもちろんのこと、絵にして頭に記憶させておくことが重要だ。イメージがなければ、ルーレットをやるチャンスが訪れても、体は反応するはずがない。

　僕が蹴ることの多いフリーキックも、こうなるはずだというイメージを描いておく。壁の高さが低かったら、速いボールでニアを狙うとか、ファーを狙うなら上からふっと落ちてくるボールにするとか軌道を描いておくと、その場面になったときに選択肢として頭に浮かんでくるんだ。

　試合中、有効だったシーンのイメージを忘れないために描いておくこともある。ディフェンスを置き去りにしたシーンなどはそのときたまたま出来たのだとしたら、体と頭に覚えこませるために描く。

　1998年、Ｊリーグ２年目の年、シーズン前に描いていたシュートのイメージが、シーズン始まって早々のコンサドーレ札幌戦で実現したことがある。左利きの右のミッドフィルダーとして、強化したいゾーンがあった。だから、描いていたのはその角度からのシュートシーンだった。試合中訪れたそのゾーンからのチャンス。僕はイメージ画と同じように、左足のアウトサイドでループシュートを放った。ボールは軌道もそのままに身長187cmのゴールキーパー、ハーフナー・ディドの手をかすめてゴールに刺さった。

　僕の頭の中には１枚の絵からその先もある。例えば僕がトップ下で３対３の場面になったシーンを絵に描く。さあここからオーバーラップするのか、１対１の勝負に挑むのか……。その先のいくつかのパターンをひとりで考える、その時間が楽しくもある。

135

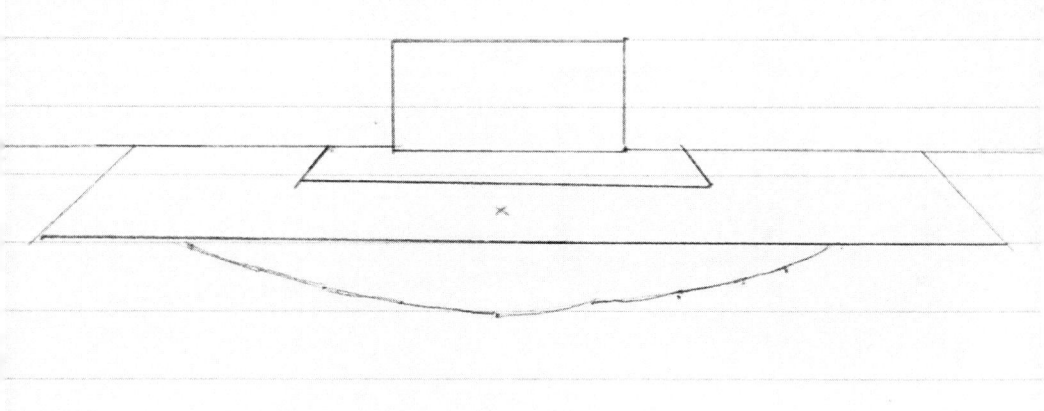

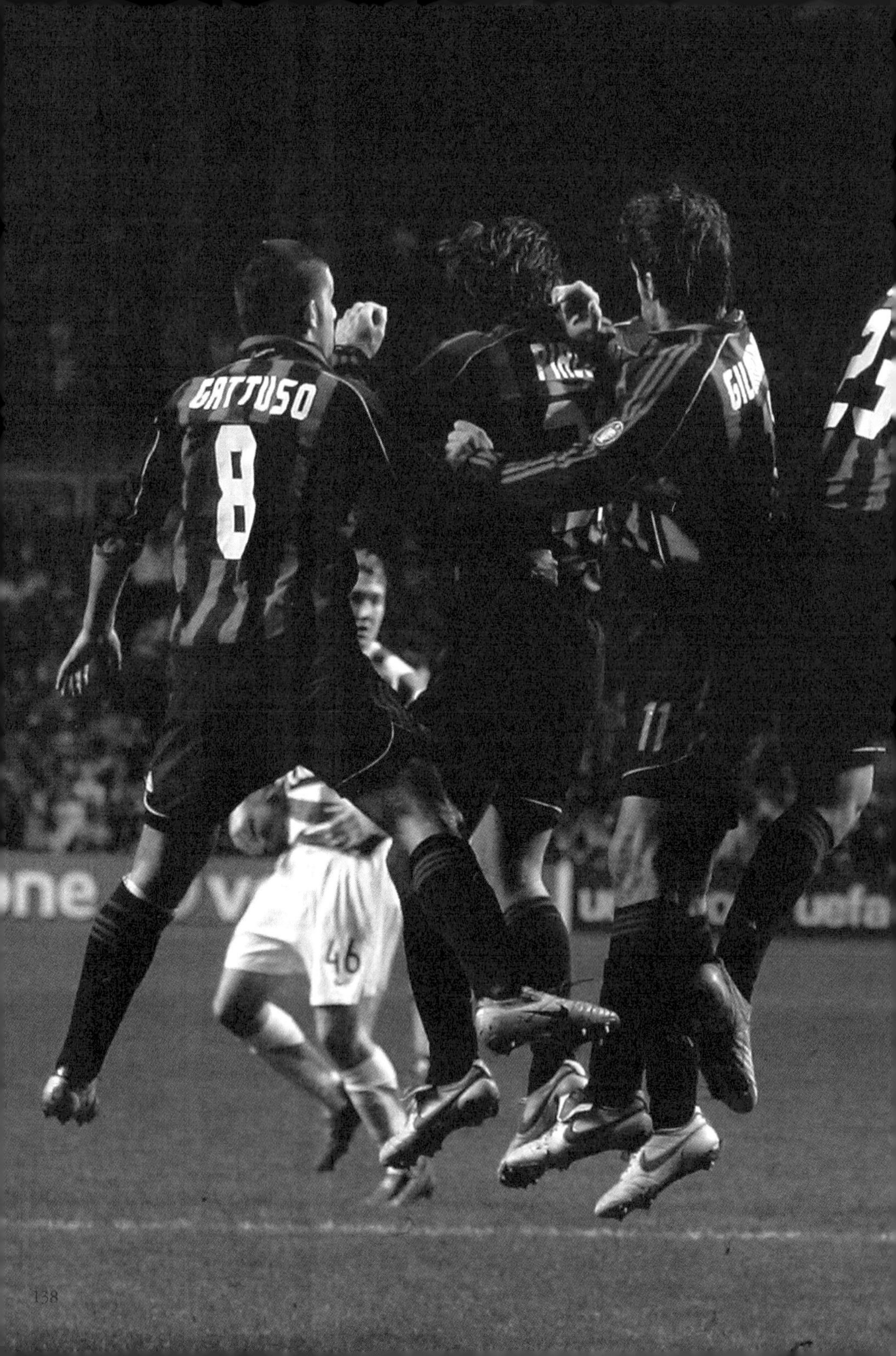
GATTUSO
8
46

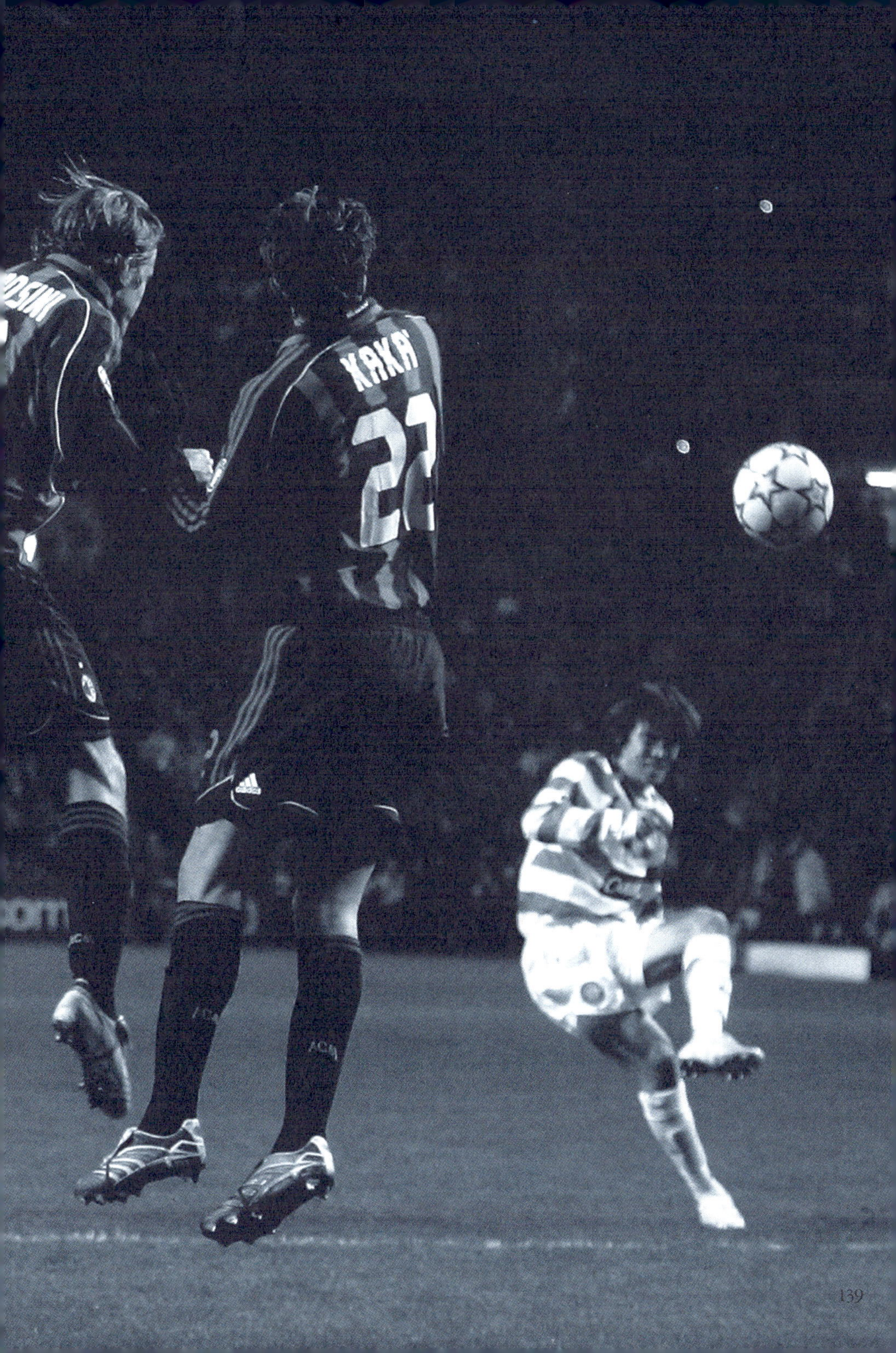
KAKÁ

140

Jリーグ2年目のシーズン開幕前に、このゾーンからこういうループシュートが決まったらいいなとイメージして描いておいたら、開幕してすぐのコンサドーレ札幌戦で、現実となった。これとまったく同じシチュエーションだったからさすがの僕も驚いた。

スローイン

スローインは実はすごく重要だ。手で投げられる唯一のチャンスだからだ。僕は桐光学園時代にいろいろなパターンを教わった。特にコーナー近くのスローインは絶対に無駄にしてはならない。ここで取られてしまうことほどもったいないことはない。日本の選手は身体が大きい選手が少ないから、ここでいかにかせぐか、いかに押し込むかが大事となる。日本代表では、こういう基本的な練習はしない。だからこそ自分のなかではたくさんのイメージを持っていないとならない。

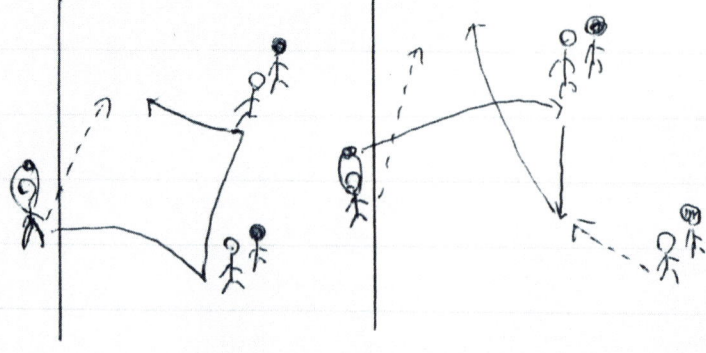

FK

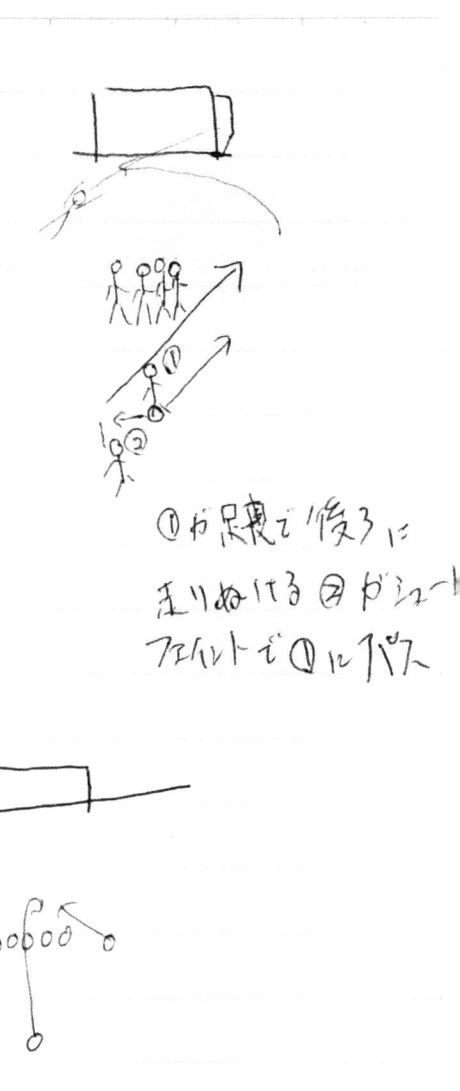

①お足裏で後ろに
走りぬける ②がシュー
フェイントで①にパス

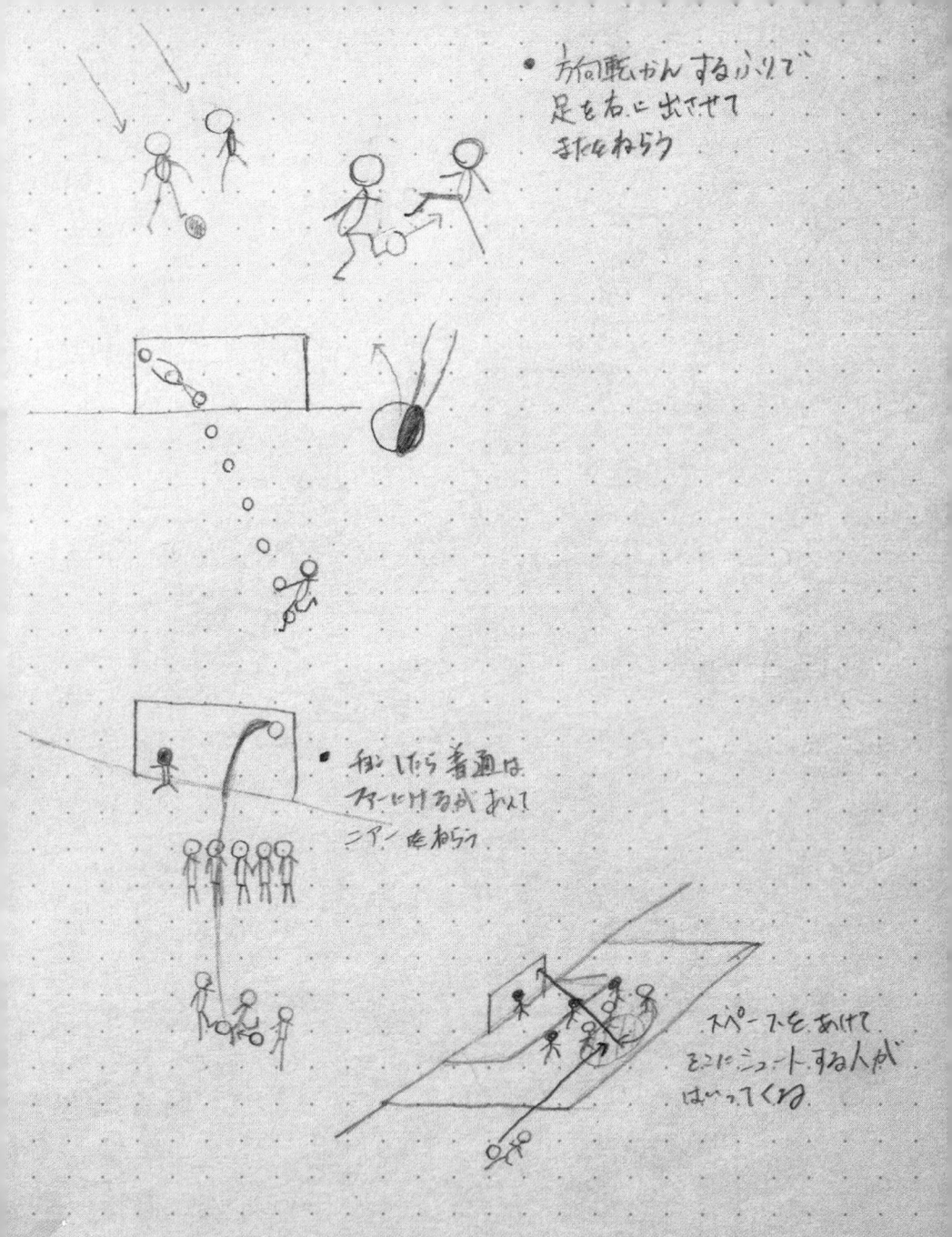

- 方向転かんするふりで
  足を右に出させて
  またをねらう

- なにしたら普通は
  ダーにける或はむいて
  ニアをねらう

- スペースをあけて
  そこにシュートする人が
  はいってくる

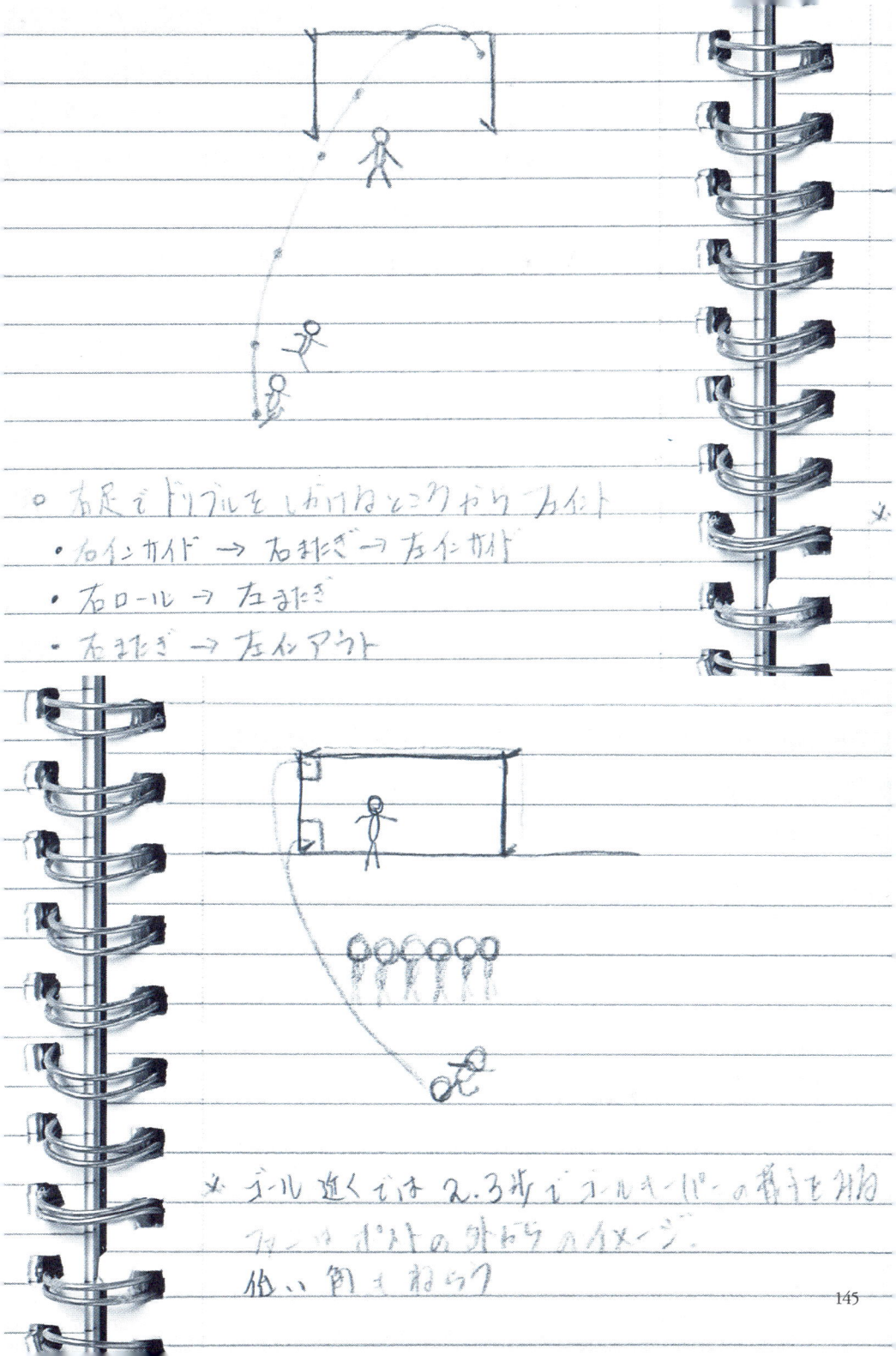

- 右足でドリブルをしかけねらうはフェイント
  - インサイド → 右またぎ → 左インサイド
  - 右ロール → 左またぎ
  - 右またぎ → 左インアウト

※ ゴール近くでは 2.3歩でゴールキーパーの動きを外し
ファーポストの外ねらうのイメージ
低い所をねらう

記録

第7章
record
極意⑥

2001年のノートに貼ってある読者の投稿記事。失意に終わったチャンピオンシップを優しく見つめる内容。

ノートにはときどき新聞や雑誌の記事がスクラップされている。その記事はときに彼を優しく支え、ときに厳しくムチを打った。

僕のノートの特徴として、雑誌や新聞の切り抜きを貼ることがある。いい記事を貼ることもあるけど、たいていは、僕の批判記事など読んで気分が悪くなるもの。

　スクラップしているときは「なんでこんなことを書くんだ」と思っている。その後何度も読み返していると、時間とともに落ち着いた気持ちで読めるようになる。きちんと受け止められるようになるまで、そこから逃げてはいけないと自分に言い聞かせる。

2000年のノートに挟まれている、9月15日付の東京中日スポーツの記事。先輩の発言は一層俊輔を励ます。

イタリアのスポーツ紙「ガゼッタ・デッロ・スポルト」に試合のたびに載る点数は、周りには「気にしていない」と言いながら結構気にしていた。「マジかよ」と思うような点数がついたときも、そのまま新聞をゴミ箱に捨ててしまったら、逃げて忘れようとしていることになる。精神を強くするためでもあるが、"今" に満足しないためにも、嫌なことから目を背けてはならない。だから低い点のときほど、切り取ってノートに挟んでいた。

2002〜2003年のノートに挟まれている通称「ガゼッタ」の点数。5.5〜6.0が平均的プレーとされている。

タイムアップを待ちながら 連載●第23回
EURO2000にて
後藤健生

ごとうたけお　1952年6月5日生まれ、東京都出身。国内外を問わず、あらゆるゲームを精力的に取材。独自の視点から生み出す卓越した見解で、日本サッカー界に大きく貢献している。『激闘ワールドカップ'98』『アジアサッカー戦記』ほか著書多数

ジダンをはじめ、フランスの武器は驚くべきキープ力だった
JIRO MOCHIZUKI (Agence SHOT)

日本の選手にできるものは何か　そして、真似できないものは何なのか

「隔世の感」とはこのことをいうのだろうか？ ヨーロッパ選手権、EURO2000の話である。

このところ、この種の大会を取材に来て、日本チームが出場していなかったことはほとんどなかった。アジアの各種の大会はもちろん、ワールドカップにも、98年のワールドユース選手権に行っても、日本チームが参加していた。昨年は南米選手権「コパ・アメリカ」に行ったときも日本が参加していた。

だから、今回のヨーロッパ選手権では、久しぶりに日本チームのことなんか忘れて、純粋に、心置きなくサッカーを楽しむつもりだった。しかし、ヨーロッパ選手権を楽しみながらも、ボクはついつい日本代表チームのことを思い出してしまったのだ。

これが10年も前のことだったら、ヨーロッパ選手権を見ながら日本チームのことを思い出すことなんて真似できなかっただろう。

当時はむしろ、「これは、よく似たルールの別の競技なのだ」と自分にいい聞かせながら見ていたものなのだった。

だが、今では日本選手のレベルアップによって、日本の選手にもできることは何なのか。そして、日本の選手にはまだ真似できないことは何なのか、というテーマを常に意識しながら試合を見るようになったのだ。

日本選手にはないものの第一は、何といってもフィジカル的な強さだ。ここ数年のヨーロッパのサッカーは、特にフィジカルコンタクトを重視する傾向にある。実際にフィジカルコンタクトの強い場面でのMFやFWの選手がボスを受ける瞬間には、相手の守備の選手がきちっとアプローチしていて、フィジカル的な意識などの面で日本のほうが上回っており、フィジカル面での劣勢は十分にカバーできるように思えた。

だから、日本の新聞、雑誌はその点だけを取り上げて「日本に欠けるのはフィジカル的な強さとスピード」といった決め付け方をする記事を載せるだろうが、それは全くの誤りといっていい。

ヨーロッパのトップクラスのチーム、つまり、今回の大会で上位に進出したオランダ、フランス、ポルトガルなどの選手が日本よりはるかに上だった。単にテクニックや個人戦術の面でも日本よりはるかに上だった。単に上とか下とかいうよりも、日本のサッカーには全く見られない種類のプレーだった。今後、日本サッカーもフィジカルコンタクトの強さを身に着ける必要があるのはもちろんだが、ヨーロッパ選手権上位のチームには、まだまだテクニック面でも学ぶべきことはたくさんあるのだ。

フランスの場合は、武器は驚くべきキープ力である。相手が当たってきても、とりあえず個人的にあるいは2、3人のコンビネーションでキープできるのだ。必ずしも突破に、必ずしも個人的にそうやってキープする間に相手の包囲網から抜け出して、打開するのである。

ポルトガルの場合は、ボスを受ける瞬間に足裏や足先を使ってボールを微妙に動かすことによって、相手の間合いを外して展開していた。

こうしたプレーが、11人の選手の大部分ができていたということは、これは偶然天才同士が集まったと解釈するより、育成段階で教育されてきたと考えるべきだろう。

オランダも、フランスも、ともに若手選手育成プログラムで有名な国だし、ポルトガルにしても、1980年代末以降はワールドユースで上位の成績を残してきた。代表チーム強化に近道はない。若い選手をいかに育てていくか、である。そうやって10年経って、初めてその成果が表れるのである。

世界トップレベルが見せた厳しい守備の中でのボールキープ

現代サッカーでは、守備の意識が非常に高い。中盤でも、ほとんどスペースも時間も与えられない。

パスを受ける瞬間にディフェンスの選手が相手との距離を詰めるアプローチが実にいい形で攻撃を止めるためには、相手ディフェンダーのアプローチをどうやって外してボールをキープするか、ということにかかっている。

そして、11人の選手の多くがそれを実行できていたのが、オランダ、ポルトガル、フランスだった。その他のチームにも、ユーゴスラビアのストイコビッチ、ルーマニアのハジ、スペインのグアルディオラやラウールのようにうまく相手の詰めを外すことのできる天才はいたが、チーム全員が意識的にそういったプレーをしていたのは、この3チームに限られる。この3チームの場合、余裕を持って流れるような攻撃が見られたのはその為だった。

オランダの場合は、パスを受ける瞬間にボールをすっすっと流すことによって、相手の詰めをかわえて相手ディフェンダーの向きを変えてオランダの選手のパス交換の詰めを見ていると、ボールが全く止まらない。素早く体の向きを変えて相手ディフェンダーのパス交換を見ていると、ボールが全く止まらない。

15年間ノートをつけてきた俊輔が、新しい「サッカーノート」を考案した。
どんなノートがあったら使いやすいか、自分だけでなく、
サッカーをやっているすべての人たちのことを考えて作られた。
中身はすべて俊輔のスケッチによる「シュンスケノート」がここに誕生した。

特別企画

第8章

俊輔がつくる

サッカーノート

11冊揃うといろいろなことを思い出すね。最初は年毎に変えていたけれど、2年同じものを使ったり、半年で終わってしまったものもある。半年で終わってしまったのは、よっぽどのことが起きたとき。それが2002年のノート。「変えたい！」と思って年の途中に新しくした。こうやって気持ちを変えたいときにノートを変えることもあるんだ。イタリアにいってからは、飛行機での移動が多くなったから、機内で書きやすいようにサイズが小さくなった。

俊輔によるラフスケッチ

ノート製作開始 **step ①ノートの種類、適正なサイズ**

　僕が好きなのはリングノート。やっぱり書きやすい。でも今回作るノートは初心者向けということで、薄さを考えると中綴じでいいんじゃないかな。大きさはやはり小さめがいい。このA5サイズが適当だと思う。

step ②参考になるノート、改良点

　高校時代のノートが一番参考になると思う。ある程度約束事があるからね。絵は最初の頃は描いていなかったけど、だんだん描くようになった。絵が描けるスペースがあるといいと思う。

step ③左右のページ構成

　左ページは、試合について。まずは、日付と、相手チームを書く。それから試合前の課題、ミーティングで発表されるフォーメーション、試合後の反省、試合中有効だったゴール前のシーンを書くスペースがあるといいね。あとは今後に向けての課題を書けるように。
　右ページはフリースペースにしよう。なるべく決め事で締め付けないほうがいいと思う。ここには左ページに書ききれなかったことや、僕がよく描くようなイメージ画でもいいし、トレーニングメニューでもいい。誰かに言われて書き留めておきたい言葉や、メンタル面に関することを書くのもいいと思う。線を描きやすいように、罫線は入れておこう。

試作品完成 **step ④1カ月後、試作品をチェック**

　僕のデザイン通りだね。すごくいいと思う。僕が使うとしたら本当はあと2ページくらいずつ余白のスペースが欲しいけど、初めてサッカーノートをつける人にとってはこれでいいんじゃないかな。ノートの最後のほうのページを何ページか余白にしておこうか。そうすれば、何かはみだしたことを書けるからね。僕がオフの予定を書くように。

完成したノートの記入例

96年 12月 31日　　VS. 東福岡 (三ッ沢)　　自己採点 6.5/10

試合前…フォーメーション

（フォーメーション図：良、須、後、岩、勝、官、常、17、井、佐）

試合前…課題

- センタリングは上に上げすぎないで点であわす

● **フォーメーション、試合前の課題**
試合前は監督に何をしなくちゃいけないか、個人的に弱いところを言われるからそれを書く。監督に言われたことだけでなく、試合でどういうプレーをするかというのを、決意として書く。

● **自己採点**
10段階で評価する。僕はいつも厳しめにつけている。本当は7.5くらいつけたいところだけど、我慢して6.5にする。自分に負けないために。

試合後…良かった点（＋）悪かった点（−）　　自己採点

攻　＋ 前半多数のスルーパスが出せた
　　− 後半運動量が減ってしまった　　8/10

守　＋ 相手のバックラインで追い込めた
　　− 運動量が減った　　6/10

● **攻守のプラスとマイナス**
試合が終わったら、個人的な攻撃面のプラスとマイナス、守備面のプラスとマイナスを書き出す。ここは大雑把なことでいい。細かい点は「課題」のところで書くようにする。

記憶に残ったシーン

（ピッチ図2つ）

● **ゴール前のシーン**
いい形でスルーパスを出せたときとか、いいサイドチェンジができたとき、点は入らなかったけど、いい形が作れたときに、そのシーンを書いておく。

次の試合に向けて…課題

- 運動量を増やす（質）
- スタッチ、ダイレクトを増やす
- 最後まであきらめない

● **試合後の反省と課題**
ここには細かいことまで書く。例えば、「あのタイミングで切り替えしてても、やっぱりシュートにいくべきだった」とか。攻守のプラス、マイナスに入りきらなかったことを書く。

※いくつかの俊輔のノートをもとに、記入例を作りました

壁を乗り越えようとしている時が一番きついけど一番伸びている時だ

● 「夢をかなえるサッカーノート」からのメッセージ
僕がノートに書いてきた、"自分を励ます言葉"の中から、いくつかここに抜粋した。少しでもみんなに勇気を与えられたら嬉しい。

技
・またボールを前に行くと（蹴るふり）
　みせかけて後にトラップ

・顔のフェイント

● フリースペース
ここには何を書いてもいい。こういうプレーをしたいなと思ったら絵にしておくといいかもしれない。試合中、その絵がパッと思い浮かんだりするからね。

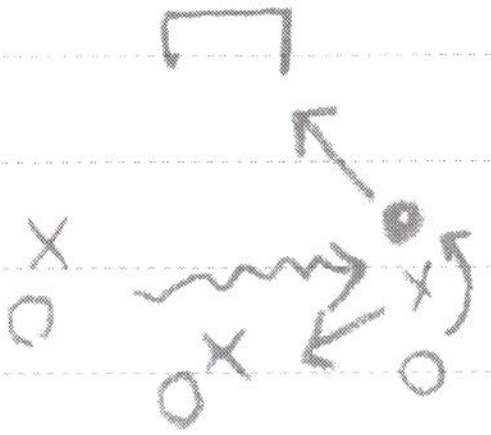

完成！色もいいね。
たくさんの人に
使ってもらえたら嬉しいです。

epilogue
僕の変わらない部分と、変わった部分

　サッカーノートはいつも、僕とともにあった。
　遠征するときのカバンには、スパイクや服、雑誌、本やDVDと共に必ず入る、世界中を一緒に旅した相棒だ。
　試合前、僕はひとりでホテルの部屋にいることが多い。電話もあまりしたくない。人との接触を避けて、ひとりノートを見返す。
　前夜は昔から今でもマラドーナのDVDを見て、試合直前には自分のいいプレーを映像でチェックし、ホテルの部屋を出る。これで僕は頭にいいイメージだけを抱えて試合に入ることができる。
　こういった試合に臨むためのあらゆる準備が楽しい。最初は、1試合で何が起きるかわからないという危機感からやってきたものだったが、次第に今度はこれをやってみよう、あれをやってみようとアイディアが湧いてきて、楽しくなってきた。努力というより作業というほうが当てはまる。それが積み重なるといいことが起きると信じている。2009年3月、ワールドカップアジア最終予選、埼玉でのバーレーン戦で、僕が蹴ったフリーキックは相手のDFに当たって入った。そのときも、「うわっ、ラッキー。誰かが祈ってくれていたからだ」とか、「僕がこつこつやってきたからいいことが起きたんだ」と思ってしまう。それが楽しい。そう思うとサッカーが楽しい。

　そして試合が終わって飛行機に乗り、落ち着いてからノートを開く。家で書くときも必ずひとりになってからだ。ノートのサイズがだんだん小さくなってきたのは、移動中に書くときに人にあまり見られたくないというのもある。

　11冊のノート、1冊1冊に思い入れがある。僕の宝物だ。すべてのノートに何が書いてあるかを覚えている。もっとも役に立つ

のは、行き詰まって見返すとき。以前、壁にぶつかったときはどうやって乗り越えていたのか、当時のトレーニング方法、そのときの気持ちはどうだったのか、それを知って解決策を導き出す。すると立ち返るのは原点だったりもする。
「ボールが来る前に周りを見ておく」
これは15年間書き続けていることだ。簡単なことだけれど、今でも出来ていないことがある。これが出来なければ自分のプレーは出来ない。ダイレクトプレーをするにしろ、ノールックパスを出すにしろ、まずはここから始まる。

今回、11冊のノートを家から探し出して、もう一度見直す作業は、僕にとっても有意義だった。ノートを閉じる前に、この15年、僕の変わらない部分と、変わった部分を考えてみることにした。

変わっていないもの。それは絶対に自分を過大評価しないこと。どんな劇的なゴールを決めても、それをノートの上で喜ぶようなことはしない。マンチェスター・ユナイテッド戦でフリーキックを決めたって、そのことについては書いていない。オーバーヘッドで得点をあげても書かないだろう。満足したら終わり。絶対にあの中学3年生のときの経験を繰り返したくない。だから書くことはあくまでも課題中心。評価は少し厳しめなくらいに。
もうひとつは向上意欲。向上意欲がなくなったらサッカーをやめるというのは僕の口癖。お金のためだけに僕はボールを蹴れない。生活の一部を削って試合を見に来てくれる人たちに失礼だから。僕が考える、プロのプレーとは「見せる」でも「魅せる」でもなく、「表す」というのが近いかもしれない。プレースタイル

epilogue

　を前面に出して、生き様を見てもらうという感じだ。見た人が「私も頑張れば何かが起きるかもしれない」と、そこまで感じてもらえるような選手になりたい。
　そのための向上意欲、それは上がったり下がったりする曲線ではなく常に上を向きながらここまできている。

　変わったもの。それはたくさんある。
　さまざまな面で感情をコンロトール出来るようになった。例えば試合前の気持ちの持っていき方。イタリアにいたときは、試合の1週間前から気持ちを張り詰めていかなくてはならなかった。試合は週に1回だから、気を抜く暇もなかったということだ。スコットランドに行って試合の数が増えたことで、イタリアでのやり方では10試合くらいは続けられても、その後突然、ガス欠のようになってしまうことがあった。若いときは試合前日ホテルに入ったら、明日の試合について考えを廻らしているうちにどうしても力が入ってしまい、試合や移動の疲れなどが溜まって一気に出る。ある日突然体がだるくなって、練習場にもあまり行きたくなくなる。その日を察知できればいいのだけれど、予測不可能にやってくるから怖い。
　それを経験して、試合前高まる気持ちを抑えることを覚えた。練習日は、グラウンドで思いっきり集中して、家に戻ってきたら家族と過ごすことで充電する。試合にも会場に行くまで力が入らないようにリラックスした気持ちを保ち、会場に着いたら、ブワッと一気にスイッチが入るようにする。それができるようになったら、シーズンを通じてモチベーションが維持できるようになった。環境に合わせて、自分にあった調整法を探し当てるようになり、これがすべてうまくいったのが、2006年。チームの優勝に加え、リーグのMVPを獲ることができた。

日本代表やチャンピオンズリーグの試合のときはコントロールが難しくなって、気持ちはどんどん上がっていってしまうけれど。
　ノートを公開することに関しても、昔は人にどう思われるかを考えるだけで拒否反応を示していたが、今は、見られてどう思われても、僕自身は何も変わらないし、それで動揺するような自分ではないという確固たる気持ちがある。今の自分に隠すようなものは何もない。もうこれで本当に丸裸だしね。

　僕はこの本の最初に言ったように、ノートは結果に直結してはいないと思う。ノートを書いていたから何かを成し遂げられたわけではない。だけど、サッカーにのめり込んで、労力をいとわず、妥協は一切していないと言うことはできる。僕が大事に思うのは、優勝したとかMVPを獲ったということではなく、１００％でその仕事にのめり込めたかどうかということ。
　名波浩さんが、悔し涙について本の中で「試合のあとの涙は、自分が100％で努力していないから出てくるんだ」と言っていて、なるほどと思った。しかし、それをも超えて出てきてしまうこともある。2000年、アントラーズとのチャンピオンシップで負けたとき、僕は恥ずかしいけどグラウンドで涙が出てきてしまった。全力でプレーしても通用しない自分の力のなさに悔しさを感じて。涙を隠したくて、僕は表彰式に出ずに帰ってしまった。あのときの悔しさは今でも胸に残っている。

　2009年４月、ノートは12冊目になった。
　ノートはこれからもずっと書き続ける。スペインでは、また書く量が増えるだろう。課題がたくさん出てくるはずだから。
　人間は年を取れば取るほど自分に甘くなるから、これからの僕はそこに気をつけなければいけない。

中村俊輔（なかむら しゅんすけ）

1978年、神奈川県生まれ。桐光学園高等学校卒業後、横浜マリノス（現・横浜F・マリノス）に加入。1997年、Jリーグ優秀新人賞受賞。2000年、JリーグMVP受賞。2002年7月、イタリアのレッジーナに移籍。2005年7月、スコットランドのセルティックに移籍しリーグ3連覇達成。2006〜2007シーズンのMVPに選ばれた。2006年ワールドカップドイツに出場。2009年7月、スペインのエスパニョールに移籍した。

アートディレクション
番 洋樹

デザイン
伊藤信久

資材設計
浜野友樹

写真
文藝春秋写真部
J.LEAGUE PHOTOS（P43）／AFLO（P138-139）

協力
（株）スポーツコンサルティングジャパン

夢をかなえるサッカーノート

2009年9月10日　第1刷
2023年7月20日　第7刷

著　者	中村俊輔（なかむらしゅんすけ）
発行者	小田慶郎
発行所	株式会社　文藝春秋 東京都千代田区紀尾井町3-23
電　話	03-3265-1211（代表）
郵便番号	102-8008
印刷・製本	凸版印刷

定価はカバーに表示してあります
万一、落丁乱丁の場合は送料当方負担でお取替えいたします。
小社製作部宛お送りください。

© Shunsuke Nakamura 2009
Printed in Japan
ISBN978-4-16-371740-1

中村俊輔のサッカーノートから ── ⚽ 目標を書くことは自分への決意表明だ

目　標　　　　　　　　　　　　　　　　　　年　　　月　　　日

短期
⚽
⚽
⚽

中期
⚽
⚽
⚽

長期
⚽
⚽
⚽

___年___月___日　VS.　　　　　　　　　　　自己採点　／10

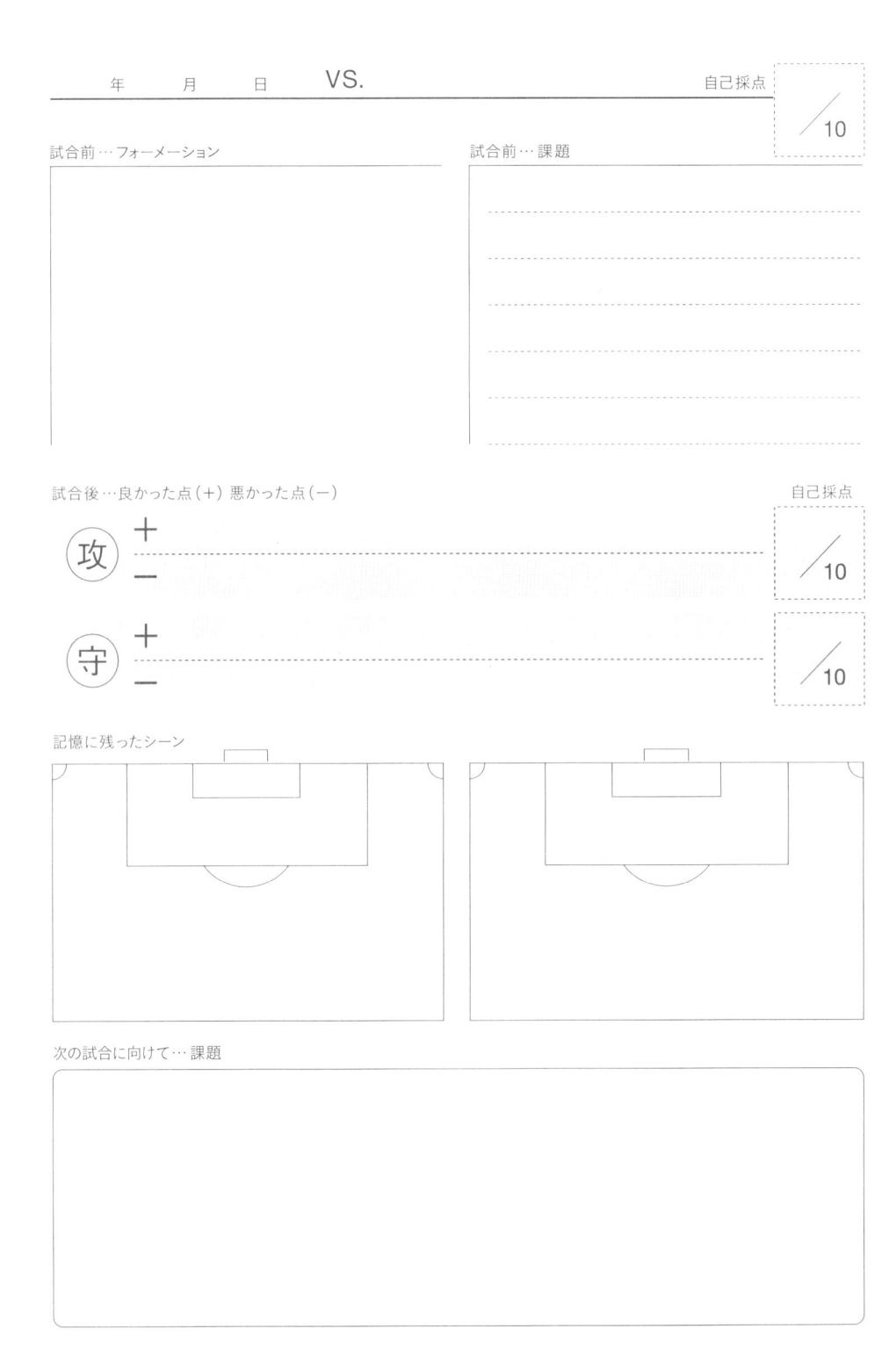

試合前… フォーメーション

試合前… 課題

試合後… 良かった点（＋）悪かった点（－）　　　　　　自己採点

攻　＋
　　－　　　　　　　　　　　　　　　　　　　　　／10

守　＋
　　－　　　　　　　　　　　　　　　　　　　　　／10

記憶に残ったシーン

次の試合に向けて… 課題

体を動かすのは心だ

年　　　月　　　日　　**VS.**　　　　　　　　　　　自己採点　　/10

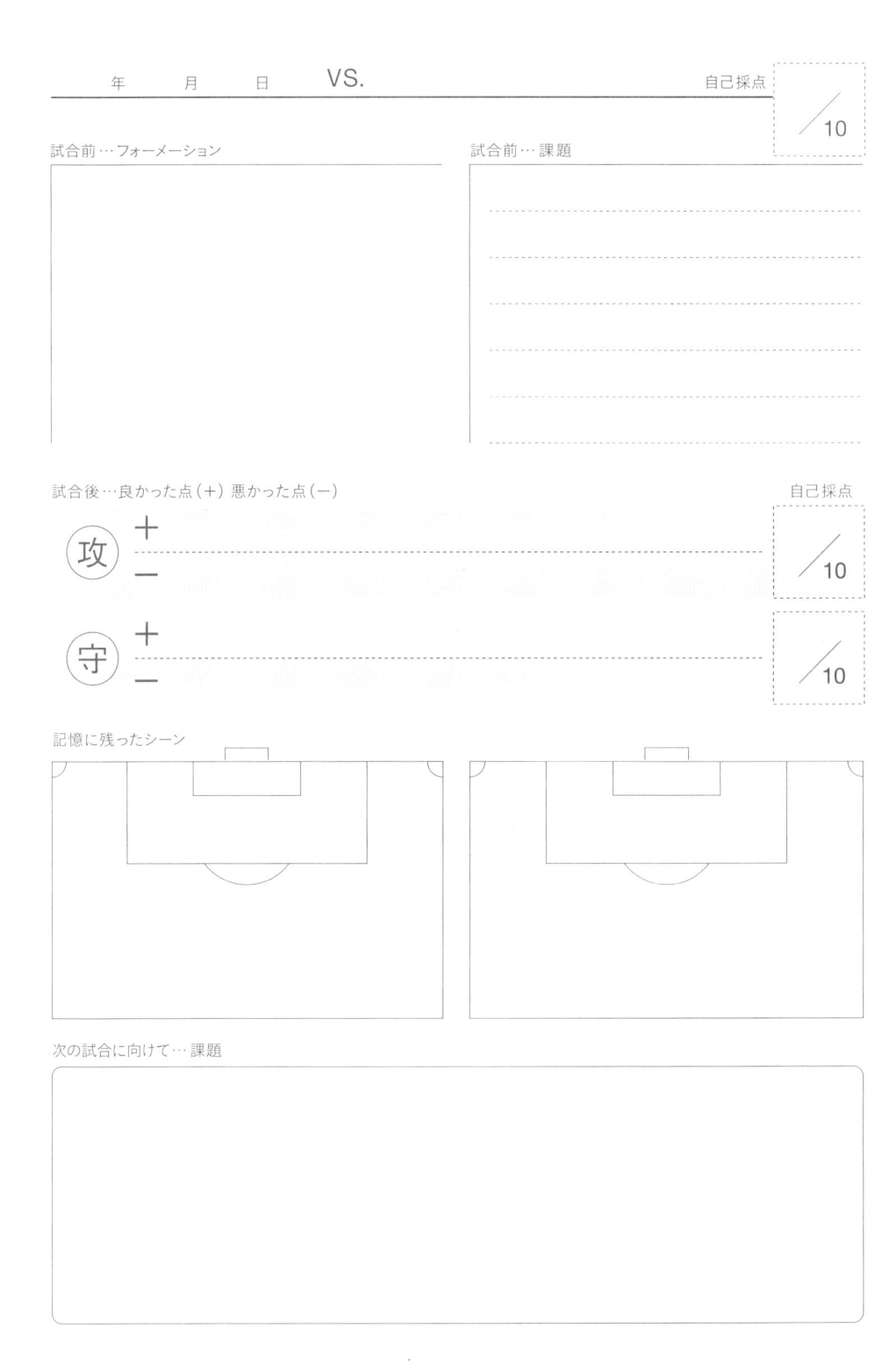

試合前…フォーメーション

試合前…課題

試合後…良かった点(＋) 悪かった点(－)　　　　　　　　　自己採点

攻　＋
　　－　　　　　　　　　　　　　　　　　　　　　　　　　/10

守　＋
　　－　　　　　　　　　　　　　　　　　　　　　　　　　/10

記憶に残ったシーン

次の試合に向けて…課題

やめてしまえば、手を抜いてしまえば、そこで負けだ

　　　　年　　　月　　　日　　**VS.**　　　　　　　　　　　自己採点　／10

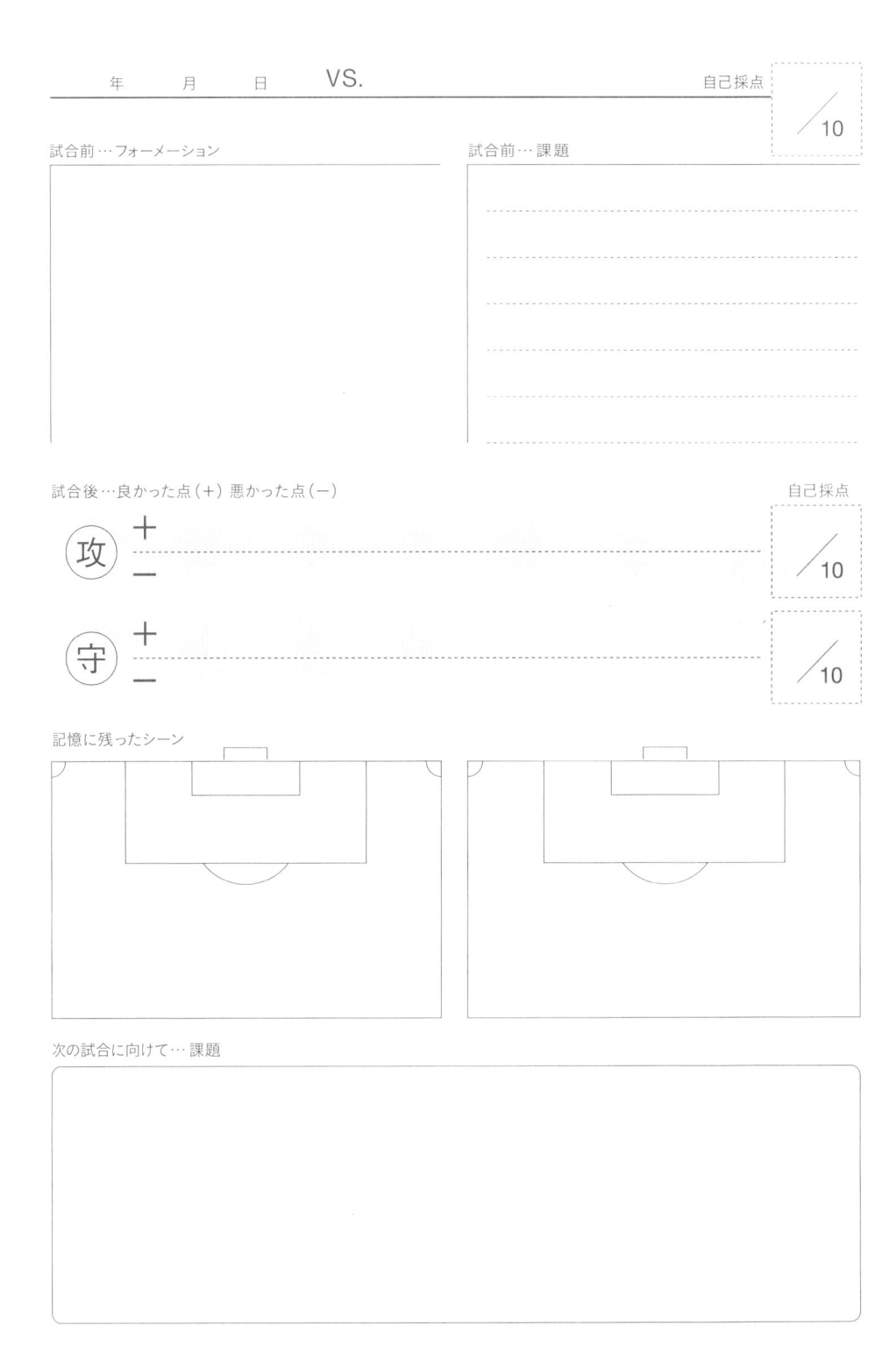

試合前…フォーメーション

試合前…課題

試合後…良かった点（＋）悪かった点（－）　　　　　　　　　　自己採点

攻　＋
　　－　　　　　　　　　　　　　　　　　　　　　　　　　　　／10

守　＋
　　－　　　　　　　　　　　　　　　　　　　　　　　　　　　／10

記憶に残ったシーン

次の試合に向けて…課題

この競争から逃げれば、負ければ、また後で同じ事になる

___年___月___日　　VS. _____　　自己採点 /10

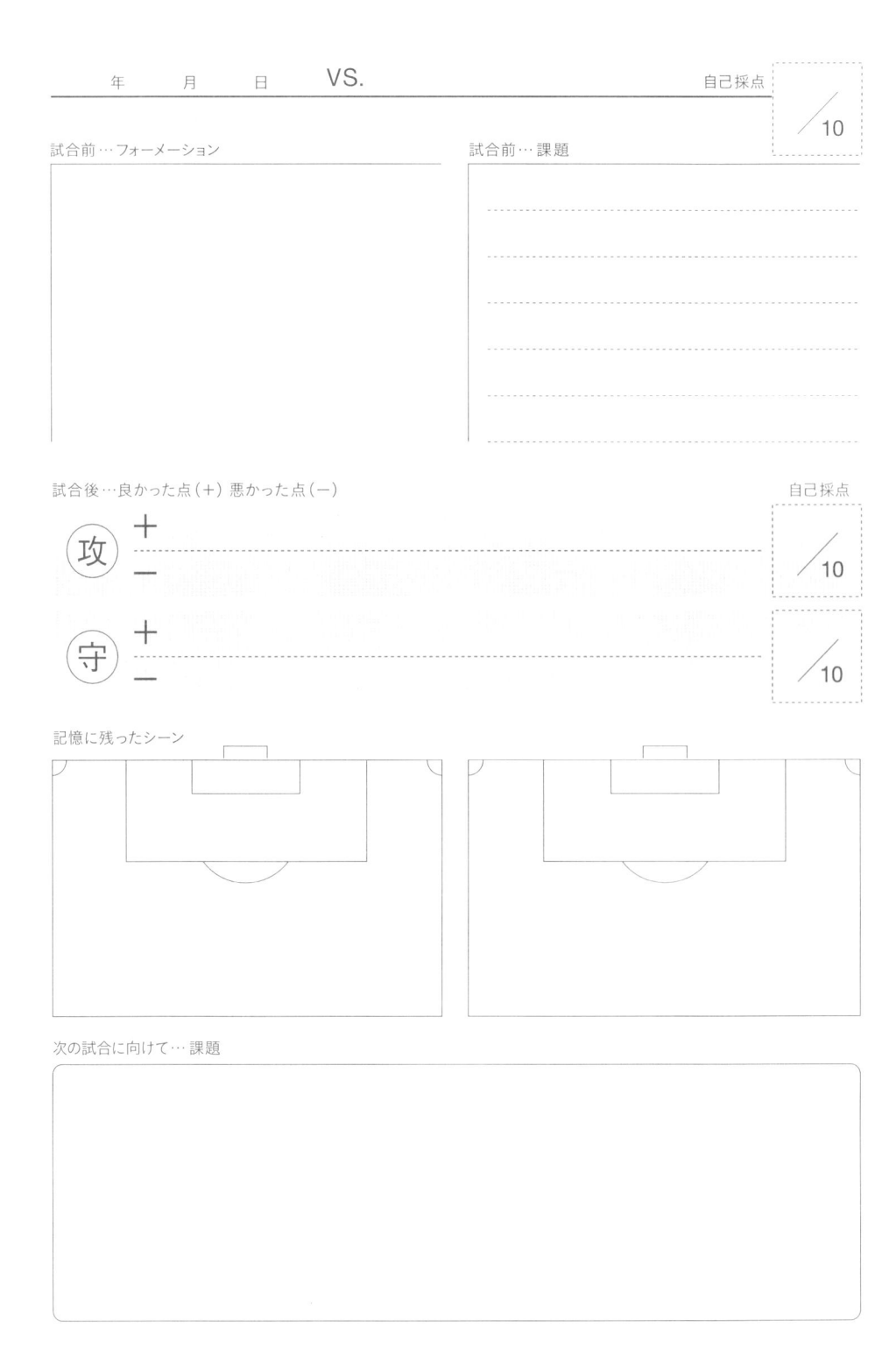

試合前… フォーメーション

試合前… 課題

試合後… 良かった点（＋）悪かった点（－）　　自己採点

攻　＋
　　－　　　　　　　　　　　　　　　　　　　　　/10

守　＋
　　－　　　　　　　　　　　　　　　　　　　　　/10

記憶に残ったシーン

次の試合に向けて… 課題

自分は出来ないと思った瞬間からもう絶対に出来ない

___ 年 ___ 月 ___ 日　VS. ___　　　　　　　自己採点 ___/10

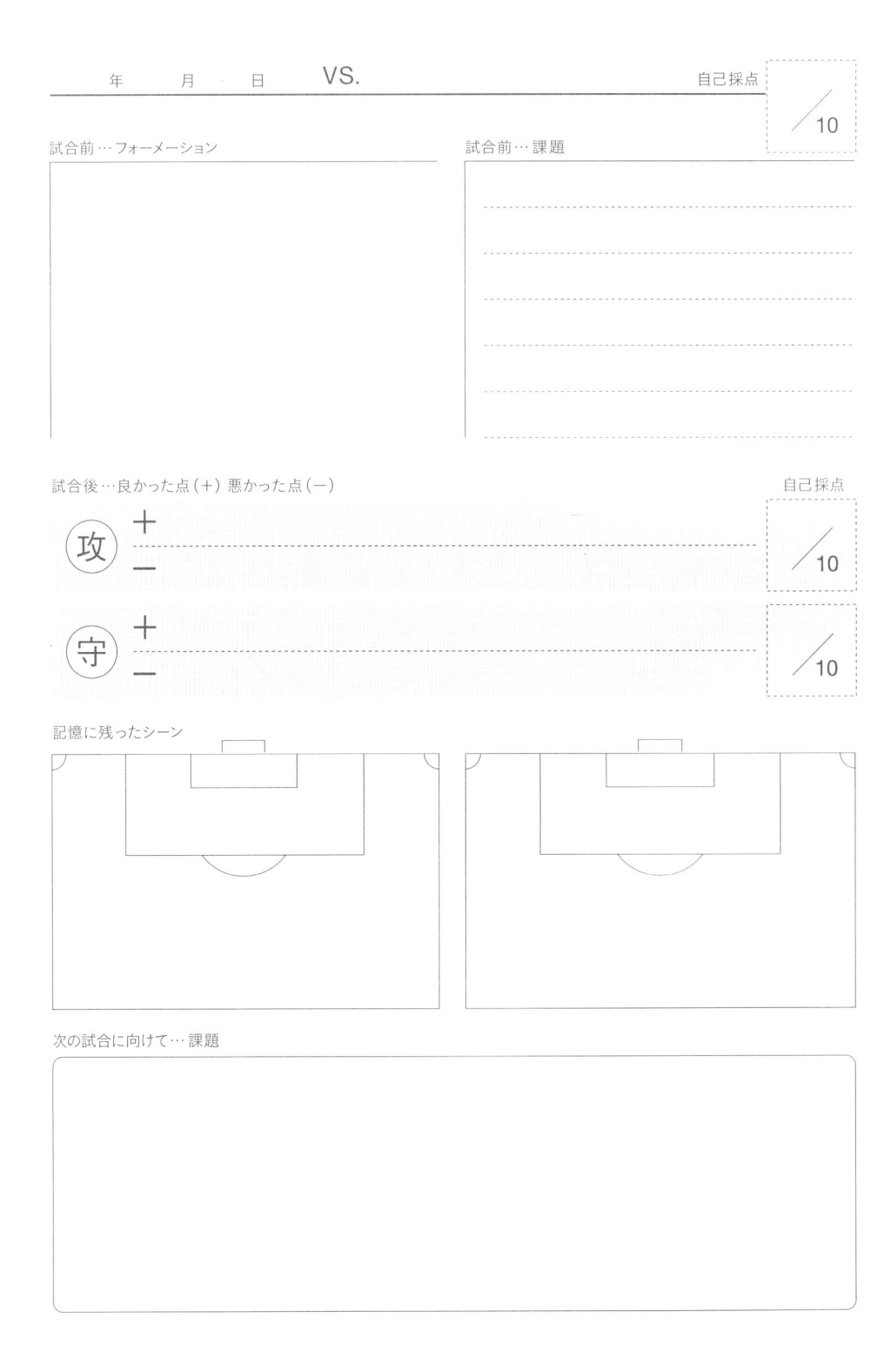

試合前…フォーメーション

試合前…課題

試合後…良かった点（＋）悪かった点（－）　　　　　　　自己採点

攻　＋
　　－　　　　　　　　　　　　　　　　　　　　　　　　___/10

守　＋
　　－　　　　　　　　　　　　　　　　　　　　　　　　___/10

記憶に残ったシーン

次の試合に向けて…課題

人の良さは認めて、自分のものにしろ

年　　　月　　　日　　VS.　　　　　　　　　　　　　　　　　自己採点 /10

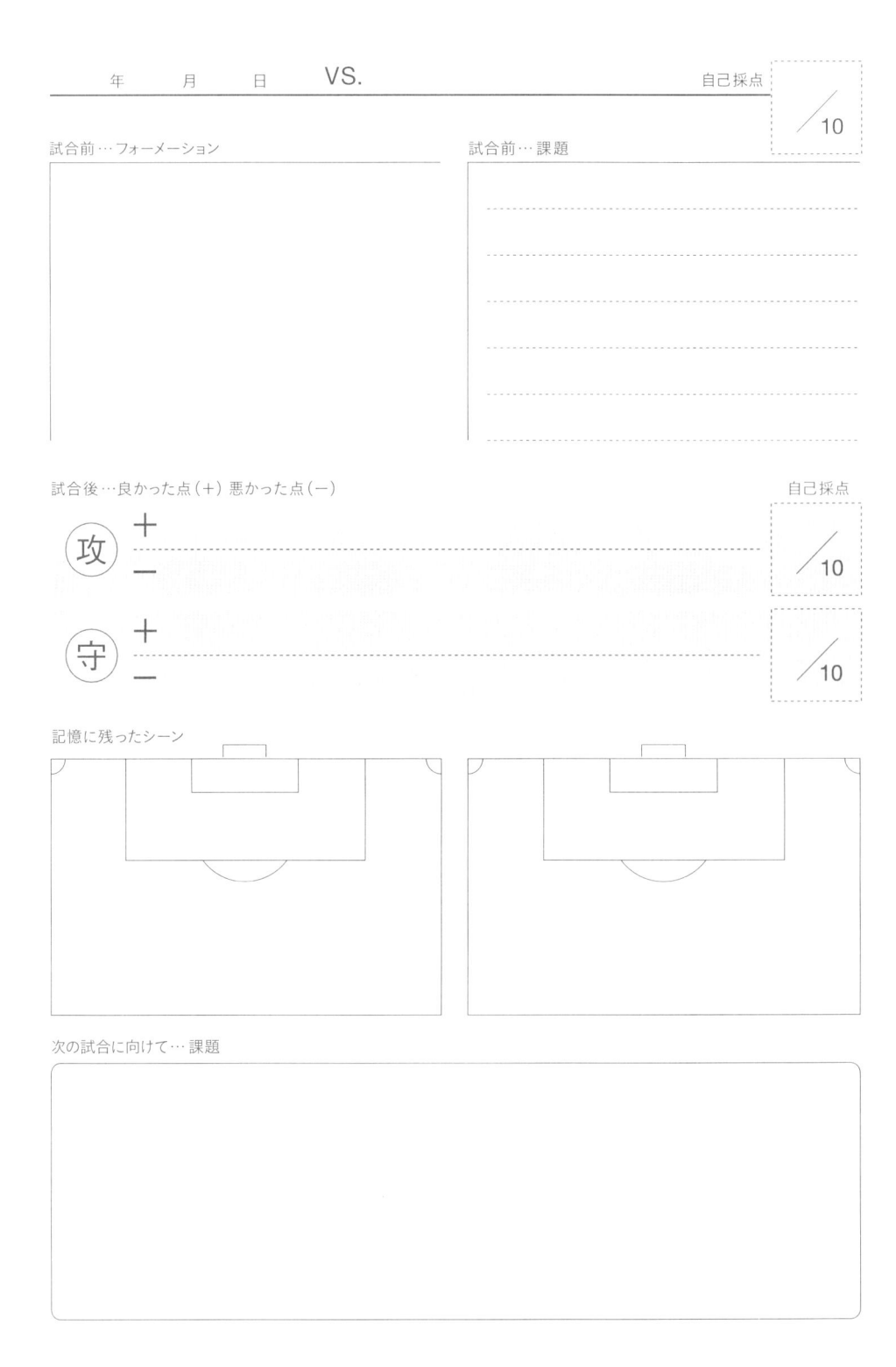

試合前…フォーメーション

試合前…課題

試合後…良かった点（＋）悪かった点（－）　　　　　　　　　　　　　　自己採点

攻　＋
　　－　　　　　　　　　　　　　　　　　　　　　　　　　　　　　　/10

守　＋
　　－　　　　　　　　　　　　　　　　　　　　　　　　　　　　　　/10

記憶に残ったシーン

次の試合に向けて…課題

⚽ 壁を乗り越えようとしている時が一番きついけど一番伸びている時だ

年　　月　　日　　VS.　　　　　　　　　　　　　自己採点　/10

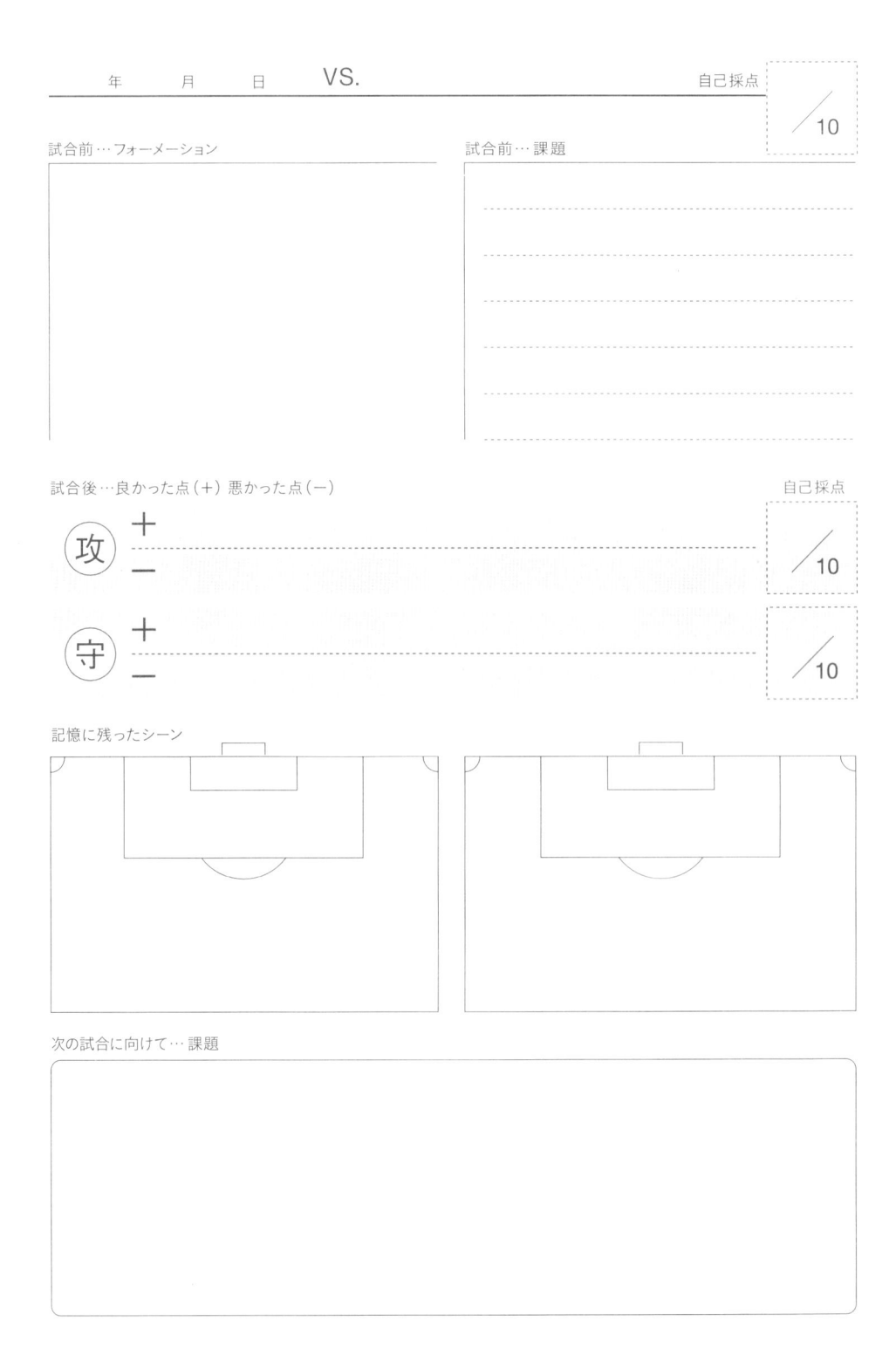

試合前…フォーメーション

試合前…課題

試合後…良かった点（＋）悪かった点（－）　　　　自己採点

攻　＋
　　－
　　　　　　　　　　　　　　　　　　　　　　　　/10

守　＋
　　－
　　　　　　　　　　　　　　　　　　　　　　　　/10

記憶に残ったシーン

次の試合に向けて…課題

限界とは自分が勝手につくっているのだ

年　　月　　日　　VS.　　　　　　　　　　　　自己採点　/10

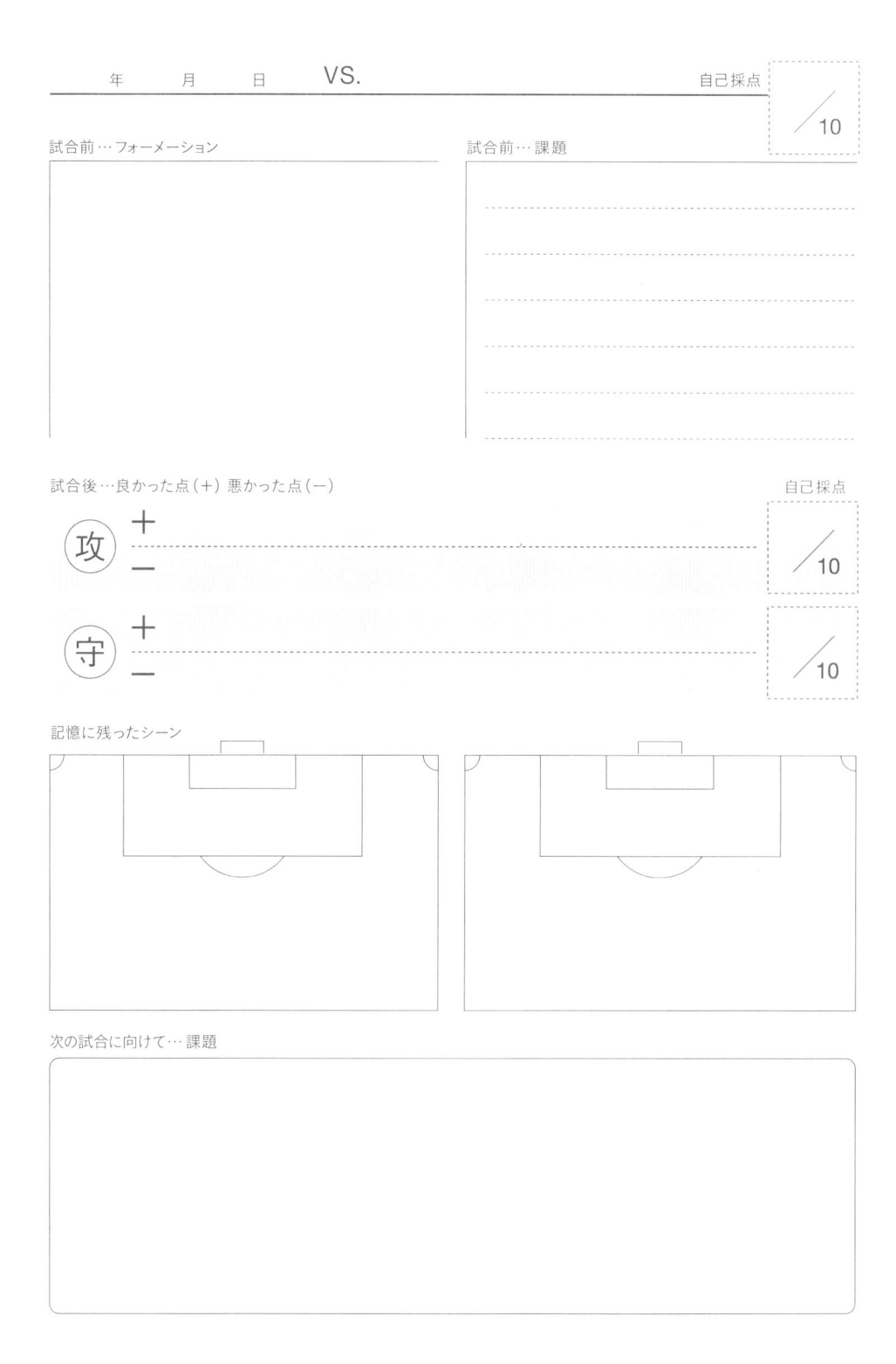

試合前…フォーメーション

試合前…課題

試合後…良かった点（＋）悪かった点（－）　　　　　　　　　　自己採点

攻　＋
　　－　　　　　　　　　　　　　　　　　　　　　　　　　　/10

守　＋
　　－　　　　　　　　　　　　　　　　　　　　　　　　　　/10

記憶に残ったシーン

次の試合に向けて…課題

限界はないから、自分が100%出したと思っても、絶対にまだ越えられる

_____ 年　　　月　　　日　　VS.　　　　　　　　　　　　　　　　自己採点　　/10

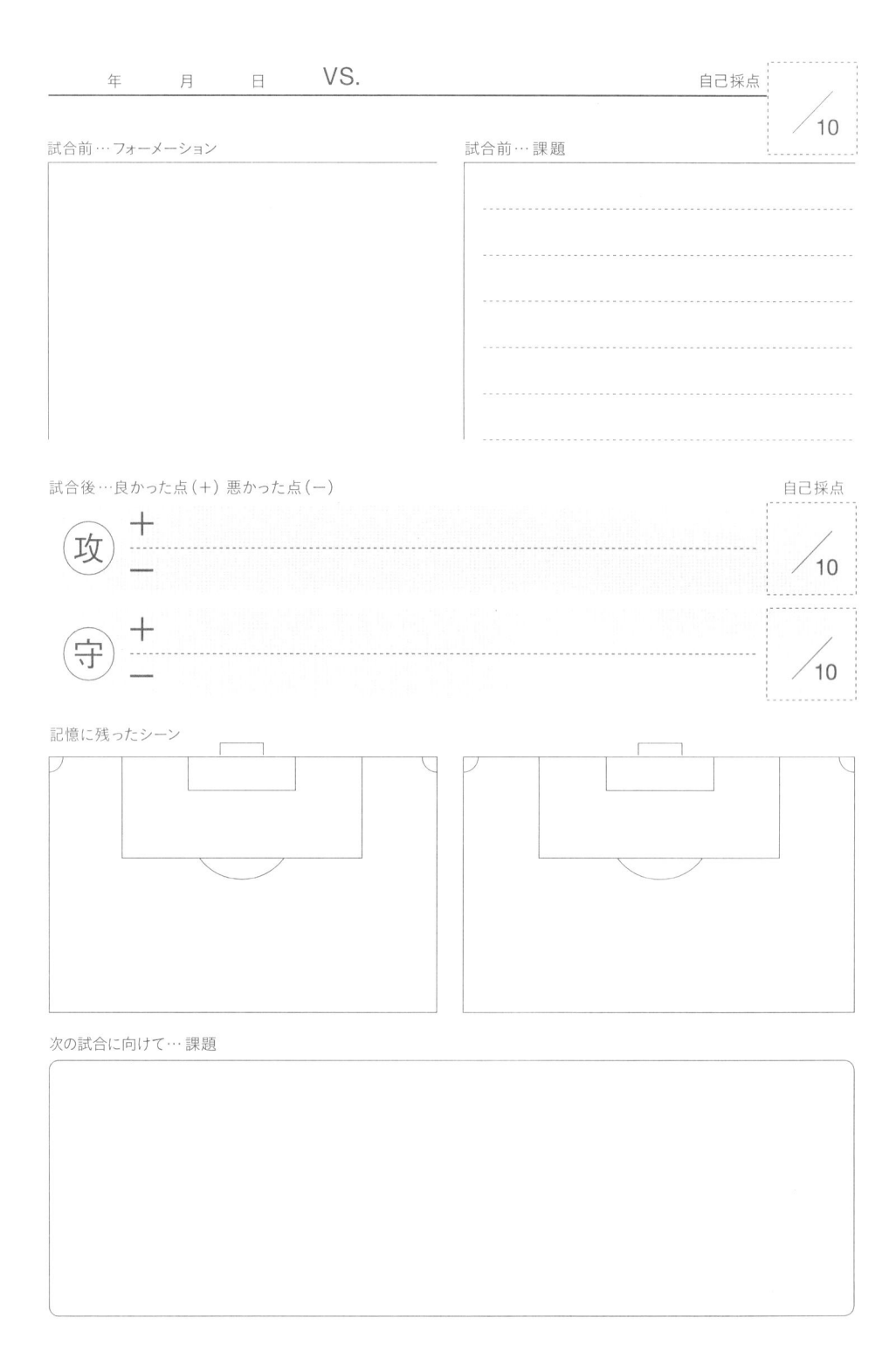

試合前…フォーメーション

試合前…課題

試合後…良かった点(＋) 悪かった点(ー)　　　　　　　　　　　　　　自己採点

攻　＋
　　－　　　　　　　　　　　　　　　　　　　　　　　　　　　　　/10

守　＋
　　－　　　　　　　　　　　　　　　　　　　　　　　　　　　　　/10

記憶に残ったシーン

次の試合に向けて…課題

もし負けたらまた勝つ努力をすればいい

___年___月___日　VS. _____　自己採点 　／10

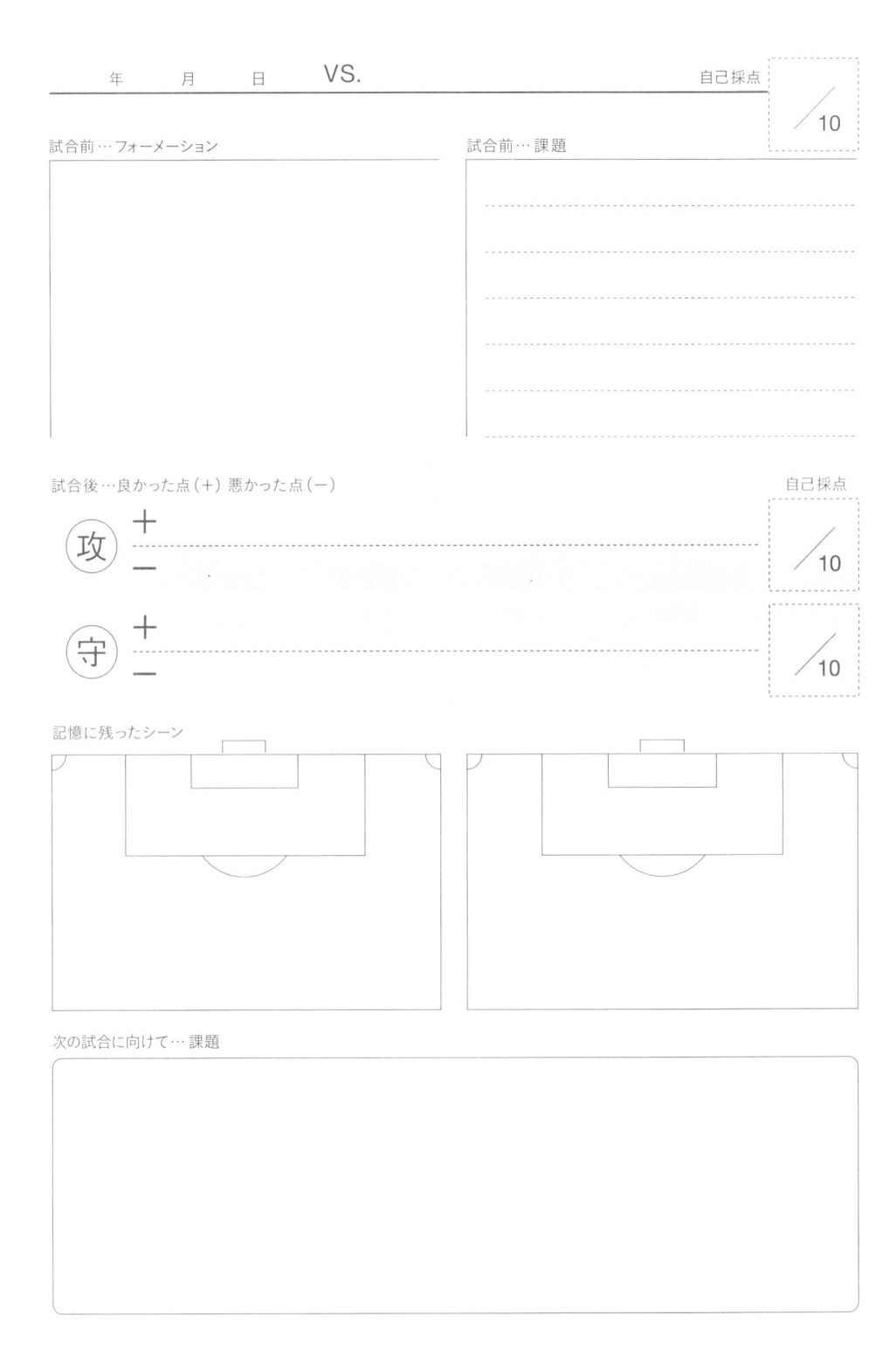

試合前… フォーメーション

試合前… 課題

試合後… 良かった点（＋）悪かった点（－）　　　自己採点

㊂ 攻　＋
　　　－　　　／10

㊂ 守　＋
　　　－　　　／10

記憶に残ったシーン

次の試合に向けて… 課題

負け犬は一日でいい

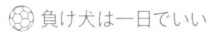

___年 ___月 ___日 VS. _____ 自己採点 /10

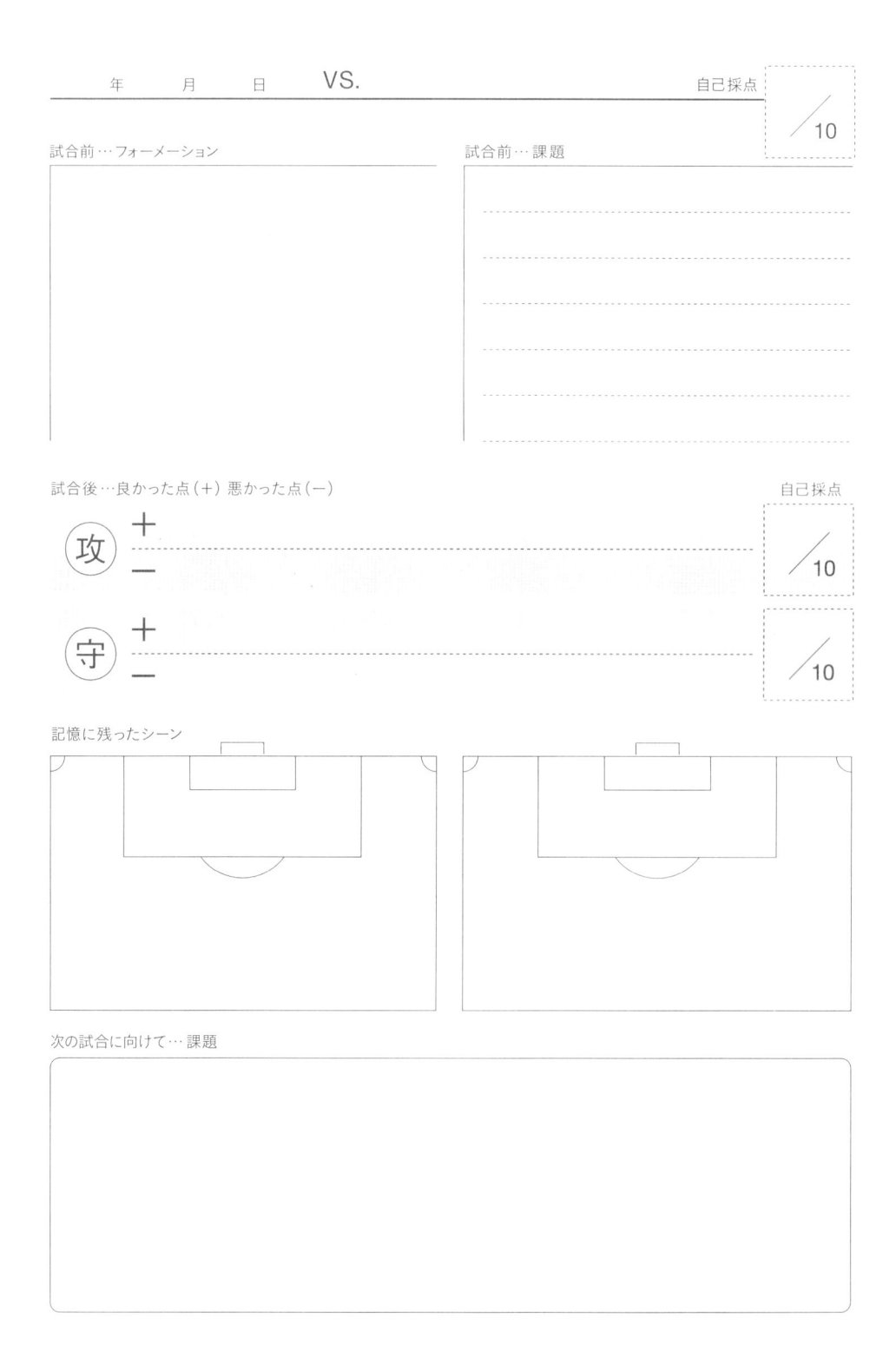

試合前…フォーメーション

試合前…課題

試合後…良かった点（＋）悪かった点（－）　　　　　　　　　　自己採点

攻 ＋
　 －　　　　　　　　　　　　　　　　　　　　　　　　　　/10

守 ＋
　 －　　　　　　　　　　　　　　　　　　　　　　　　　　/10

記憶に残ったシーン

次の試合に向けて…課題

みんなの期待に応えようとしすぎない

____年 ____月 ____日　　**VS.** _____　　自己採点　／10

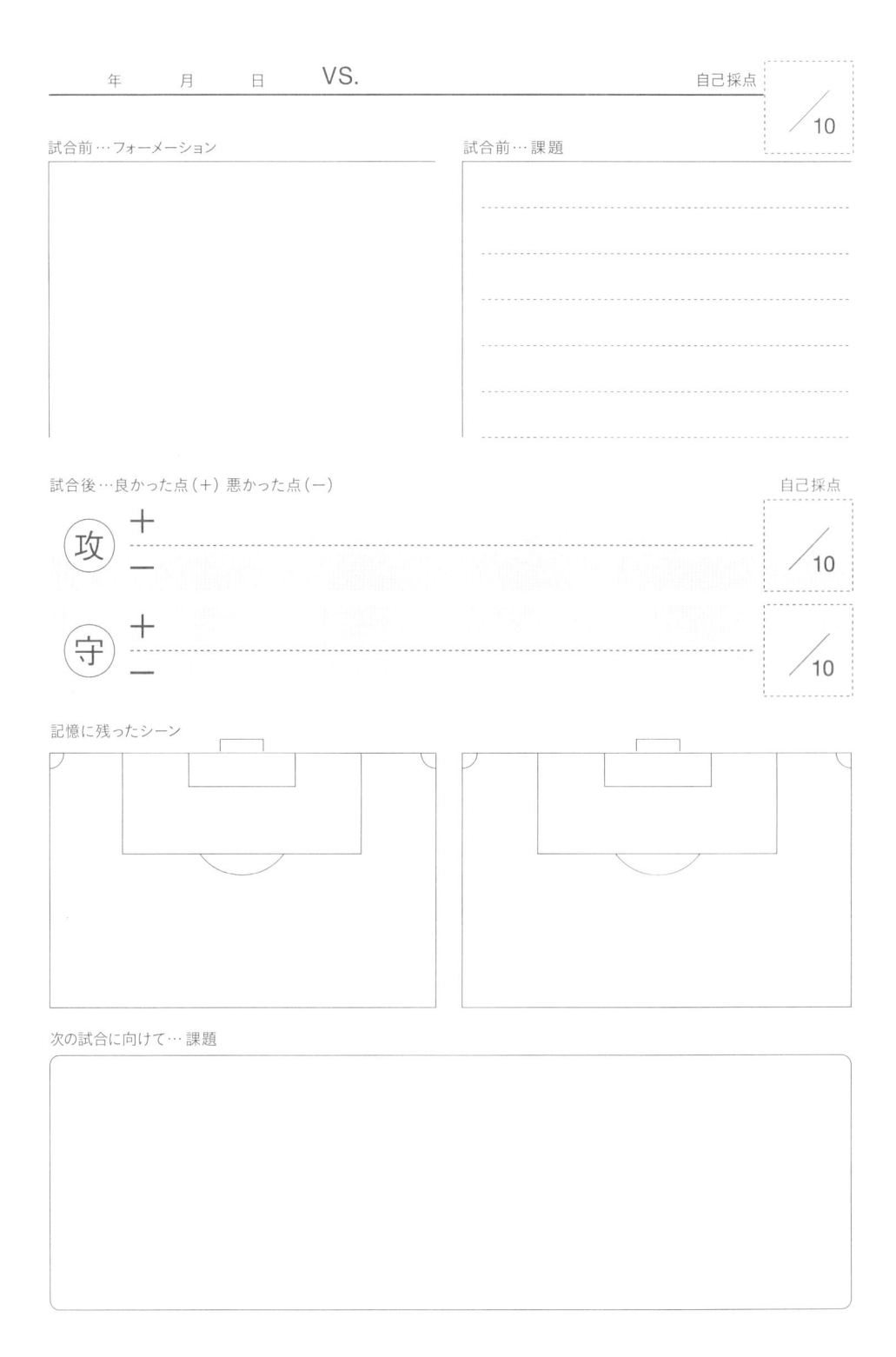

試合前…フォーメーション

試合前…課題

試合後…良かった点（＋）悪かった点（－）　　自己採点

攻　＋
　　－　　／10

守　＋
　　－　　／10

記憶に残ったシーン

次の試合に向けて…課題

⚽ 簡単にプレーできないのは当たり前だ。冷静に

年　　　月　　　日　　VS.　　　　　　　　　　　　　自己採点 ／10

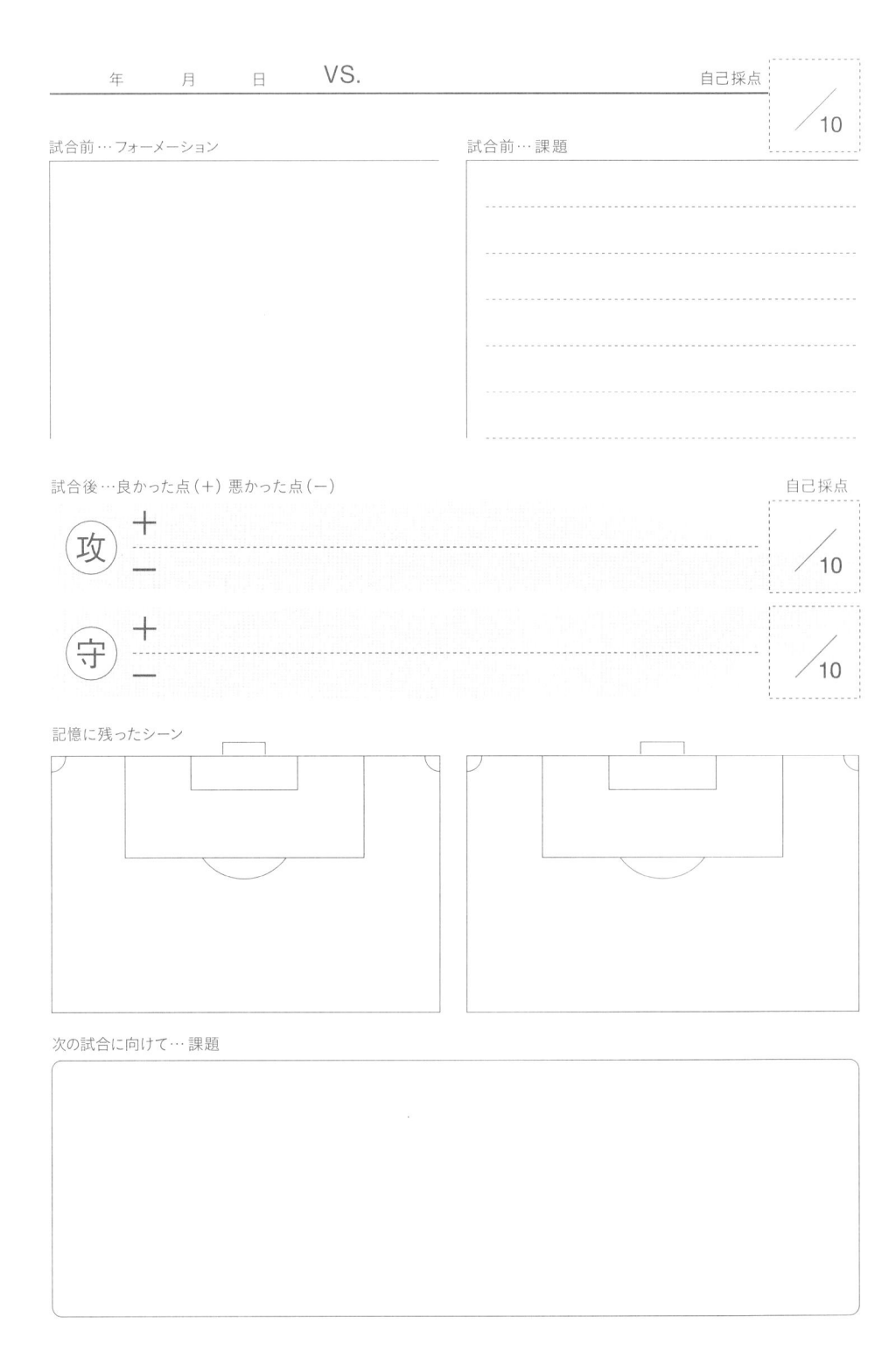

試合前…フォーメーション

試合前…課題

試合後…良かった点（＋）悪かった点（－）　　　　　　　　　　自己採点

攻　＋
　　－　　　　　　　　　　　　　　　　　　　　　　　　　／10

守　＋
　　－　　　　　　　　　　　　　　　　　　　　　　　　　／10

記憶に残ったシーン

次の試合に向けて…課題

___年 ___月 ___日　　VS. _____　　　　　　　自己採点 ___/10

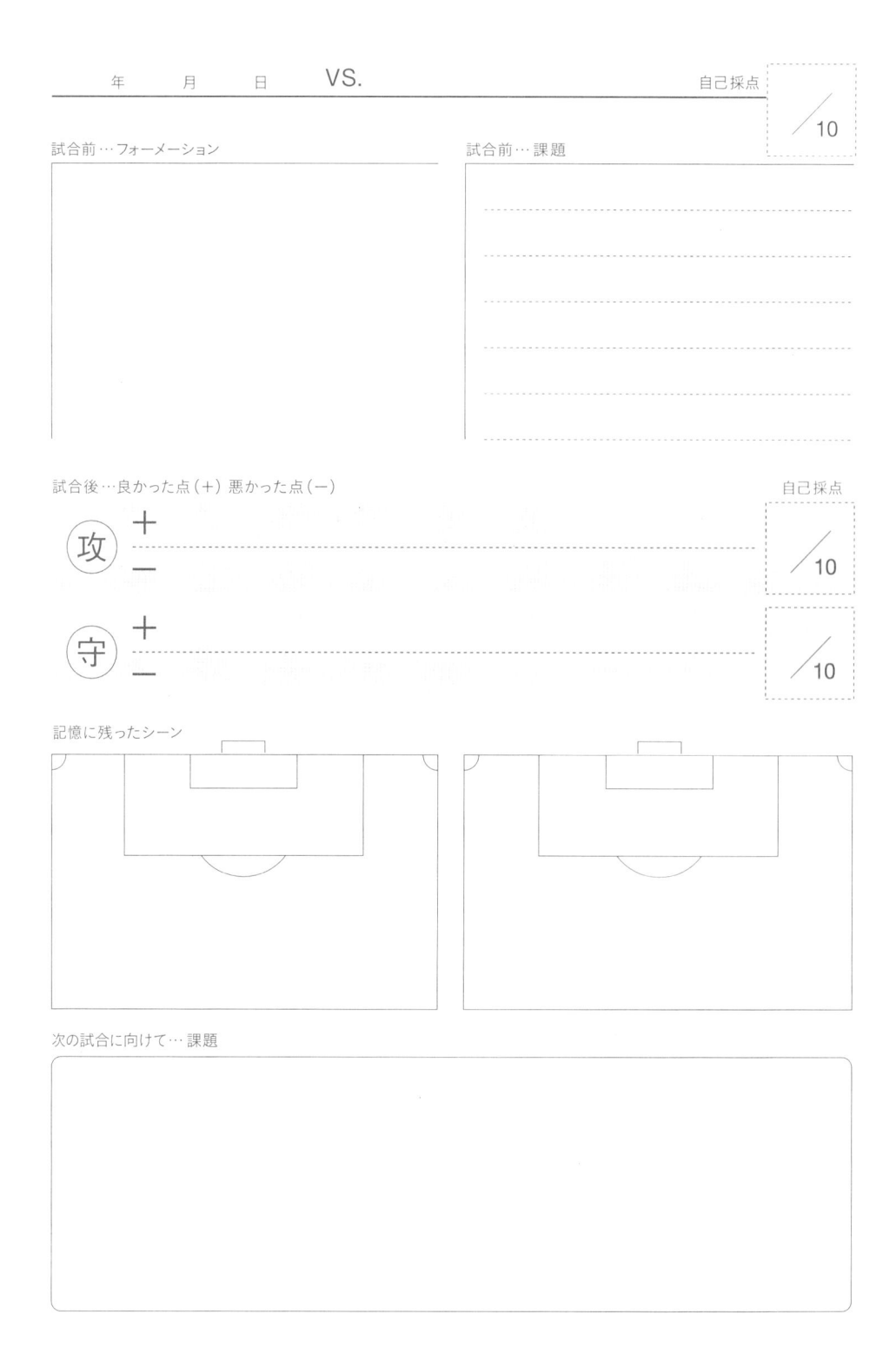

試合前…フォーメーション

試合前…課題

試合後…良かった点（＋）悪かった点（−）　　　　　　　自己採点

攻　＋ _____
　　− _____　　/10

守　＋ _____
　　− _____　　/10

記憶に残ったシーン

次の試合に向けて…課題

落ち込む時間があるなら、練習しろ

年　　月　　日　　VS.　　　　　　　　　　　　　　自己採点 ／10

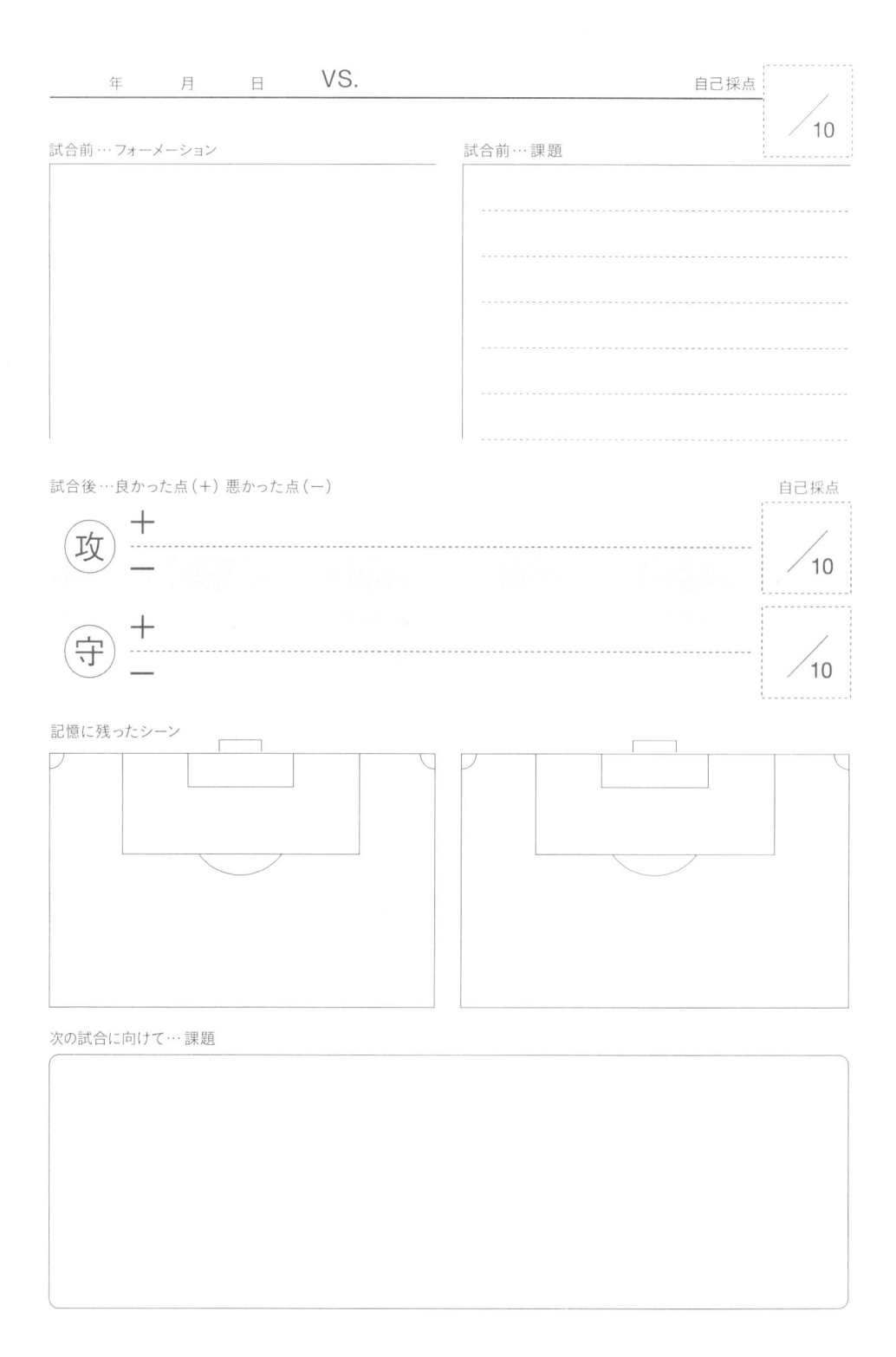

試合前…フォーメーション　　　　　　　試合前…課題

試合後…良かった点（＋）悪かった点（－）　　　　　　　自己採点

攻　＋
　　－　　　　　　　　　　　　　　　　　　　　／10

守　＋
　　－　　　　　　　　　　　　　　　　　　　　／10

記憶に残ったシーン

次の試合に向けて…課題

自分は平気だ、という考えはなくせ！

年　　月　　日　　VS.　　　　　　　　　　　自己採点　/10

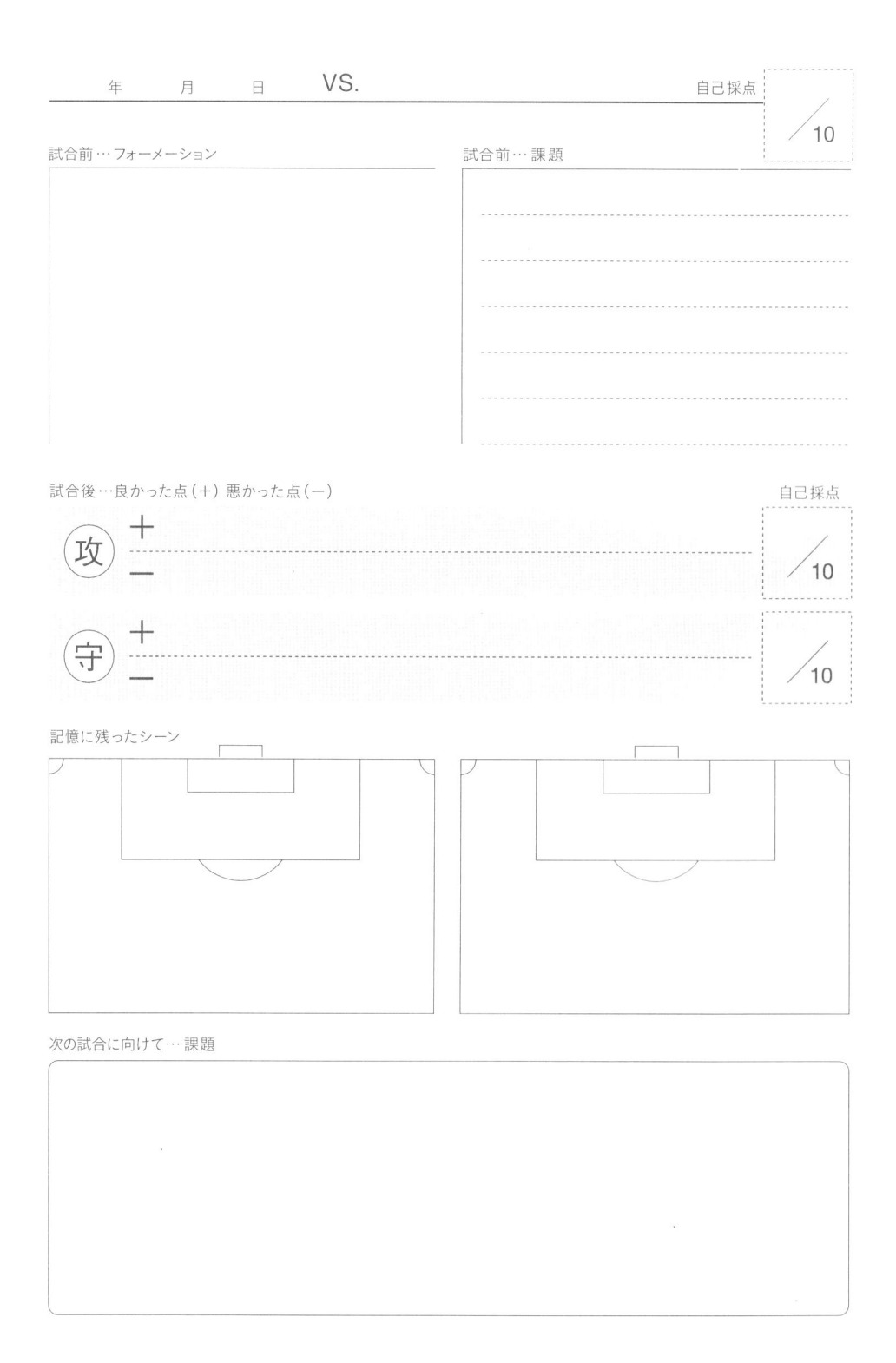

試合前…フォーメーション

試合前…課題

試合後…良かった点（＋）悪かった点（－）　　　　自己採点

攻　＋
　　－　　　/10

守　＋
　　－　　　/10

記憶に残ったシーン

次の試合に向けて…課題

嫉妬は必要ない、批判も必要ない

年　　月　　日　　VS.　　　　　　　　　　　　　　　自己採点 ／10

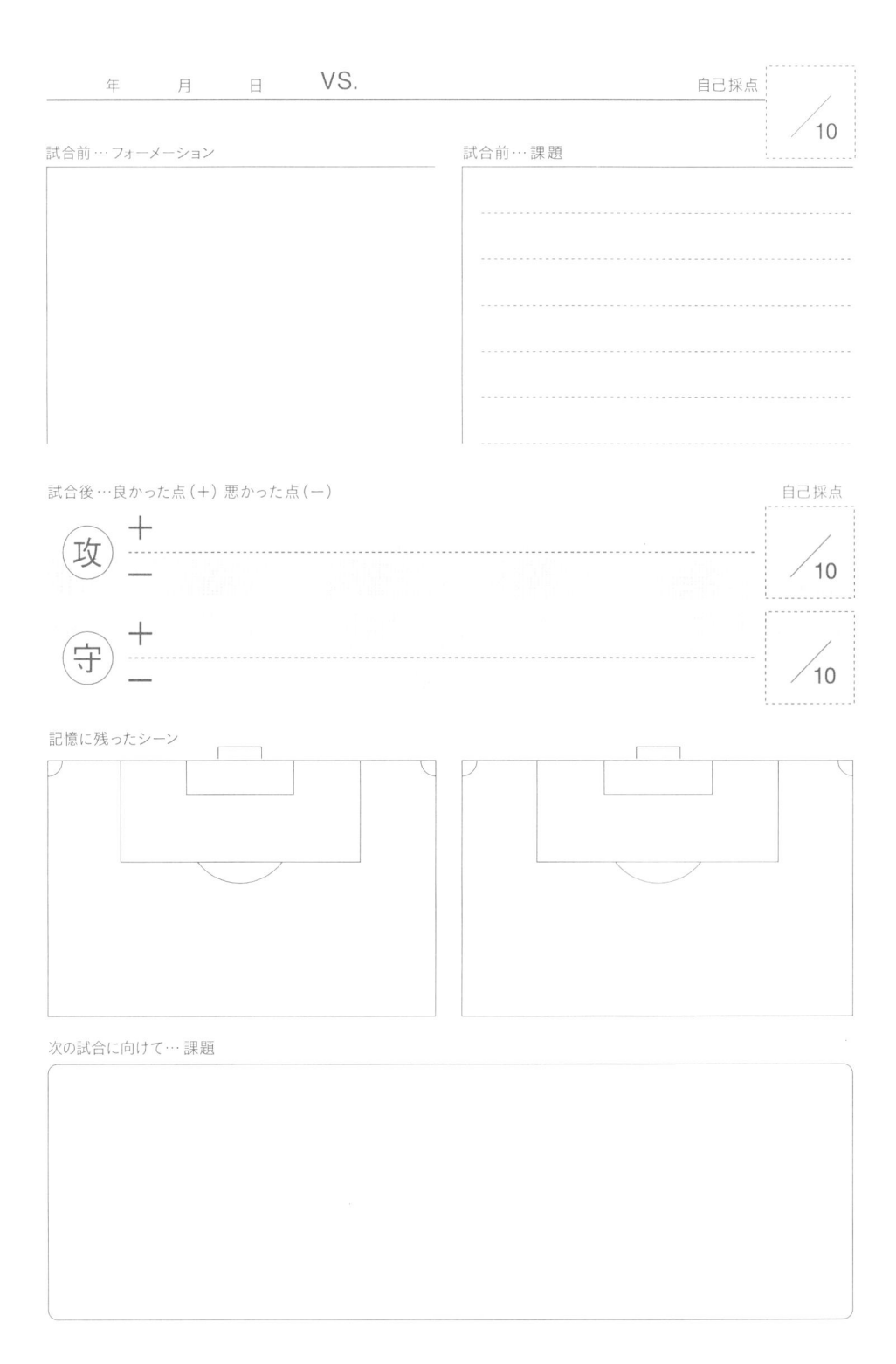

試合前…フォーメーション

試合前…課題

試合後…良かった点（＋）悪かった点（－）　　　　　自己採点

攻 ＋
　 －　　　　　　　　　　　　　　　　　　　　　　／10

守 ＋
　 －　　　　　　　　　　　　　　　　　　　　　　／10

記憶に残ったシーン

次の試合に向けて…課題

人と比べない、自分は自分だ

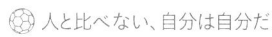

年　　　月　　　日　　VS.　　　　　　　　　　　　　自己採点　　/10

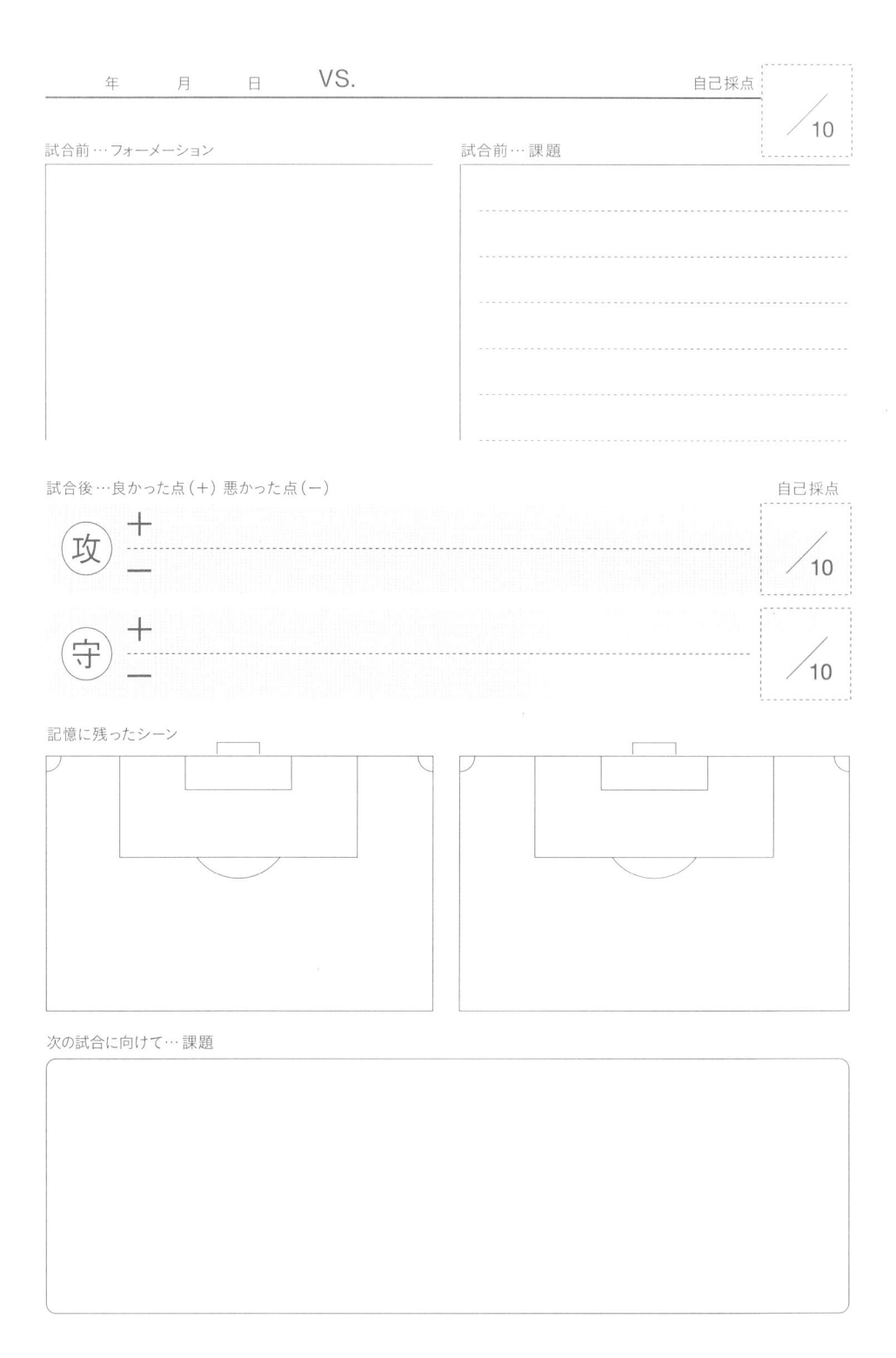

試合前…フォーメーション

試合前…課題

試合後…良かった点（＋）悪かった点（−）　　　　　　　　　　　自己採点

攻　＋
　　−　　　　　　　　　　　　　　　　　　　　　　　　　　　/10

守　＋
　　−　　　　　　　　　　　　　　　　　　　　　　　　　　　/10

記憶に残ったシーン

次の試合に向けて…課題

自分の良さをどうチームに合わせるかを考えろ

年　　　月　　　日　　VS.　　　　　　　　　　　　　　自己採点 　/10

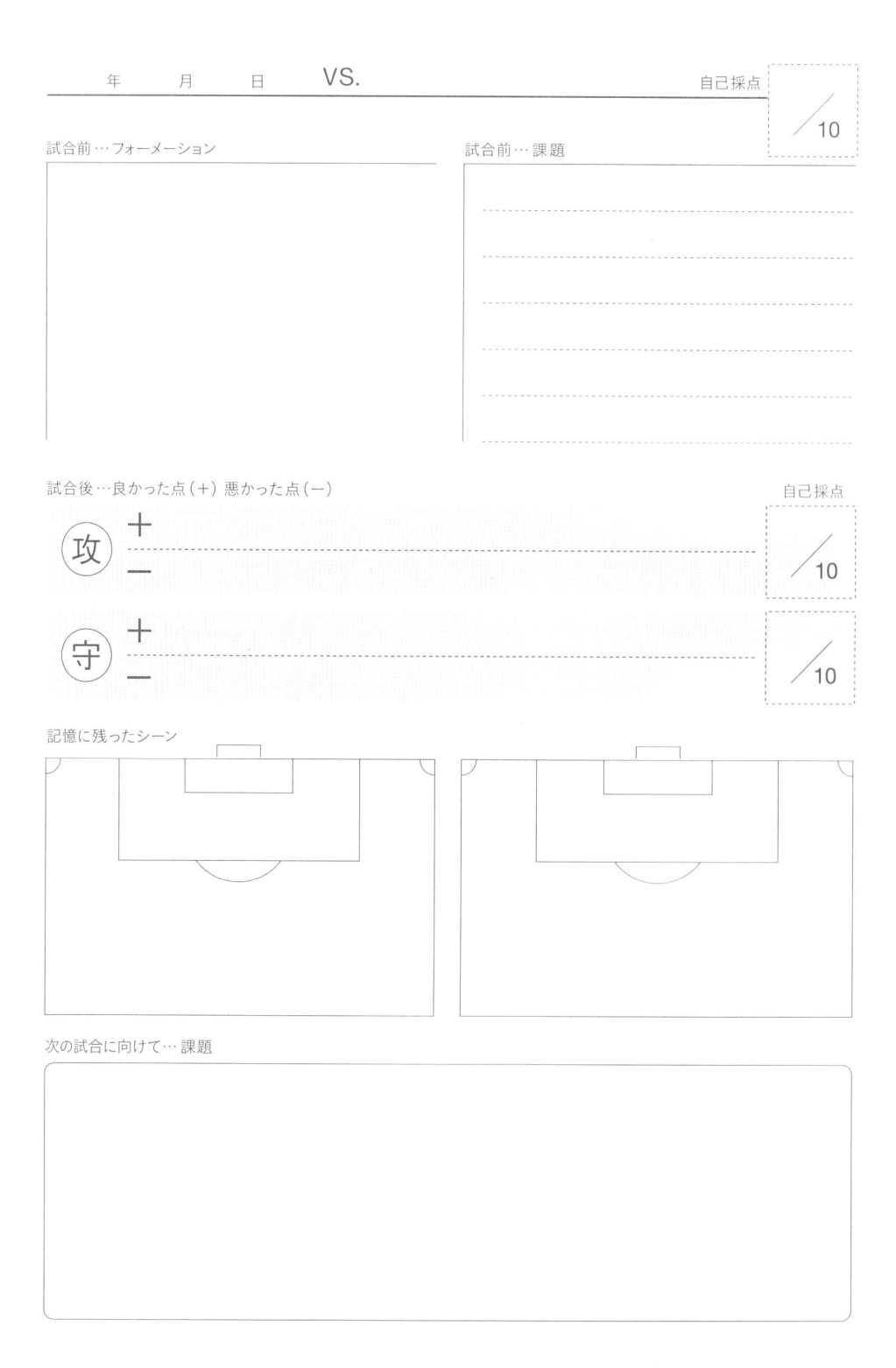

試合前…フォーメーション

試合前…課題

試合後…良かった点（＋）悪かった点（−）

攻　＋
　　−　　　　　　　　　　　　　　　　　　　　　自己採点 　/10

守　＋
　　−　　　　　　　　　　　　　　　　　　　　　自己採点 　/10

記憶に残ったシーン

次の試合に向けて…課題

年　　　月　　　日　　VS.　　　　　　　　　　　　　　　　自己採点　／10

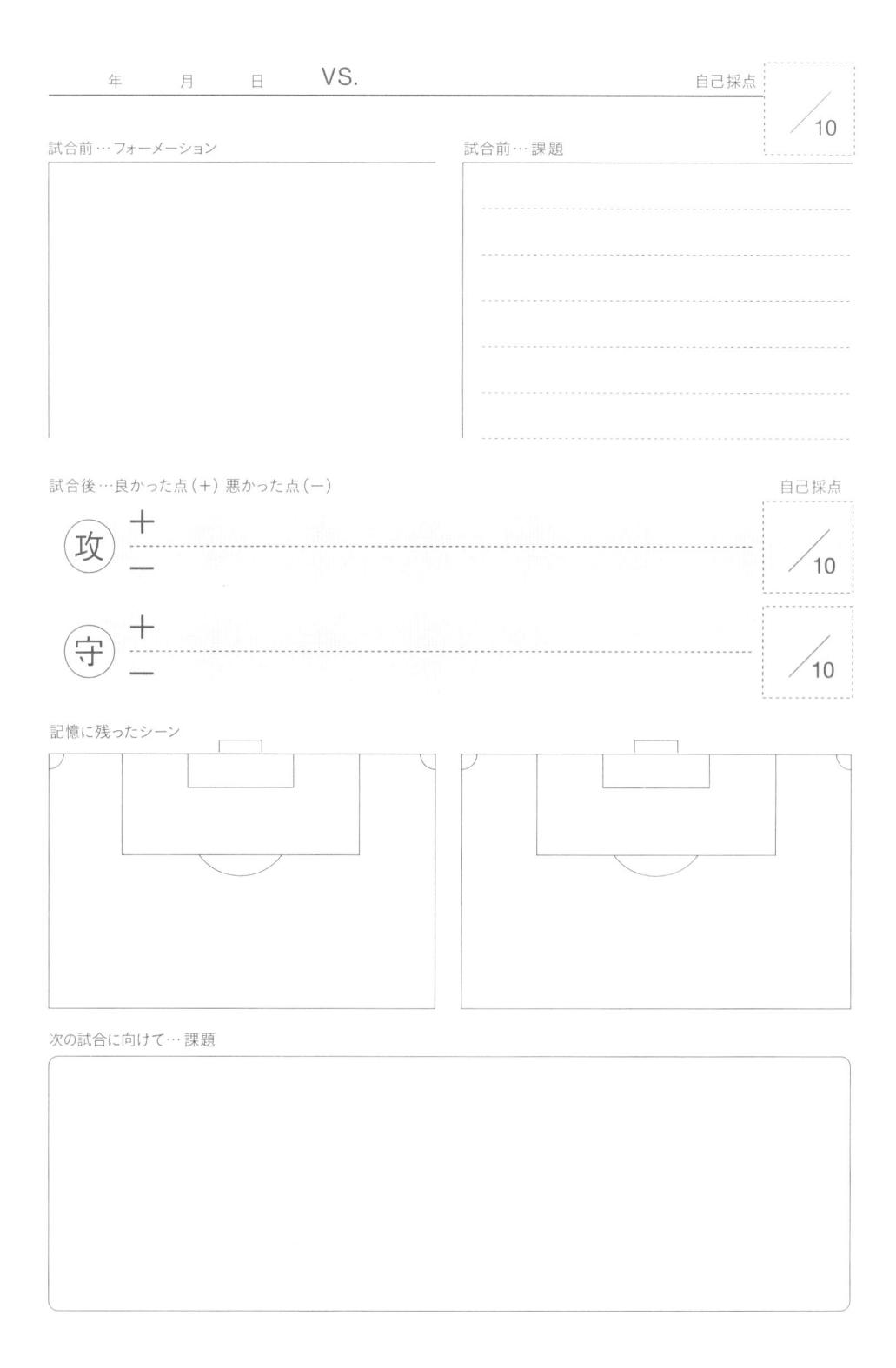

試合前 … フォーメーション

試合前 … 課題

試合後 … 良かった点（＋）悪かった点（ー）　　　　　　　　　　自己採点

攻　＋
　　ー　　　　　　　　　　　　　　　　　　　　　　　　　　／10

守　＋
　　ー　　　　　　　　　　　　　　　　　　　　　　　　　　／10

記憶に残ったシーン

次の試合に向けて … 課題

あまり自分を追い詰めるな

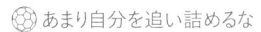

年　　　月　　　日　　VS. 　　　　　　　　　　　　　自己採点 ／10

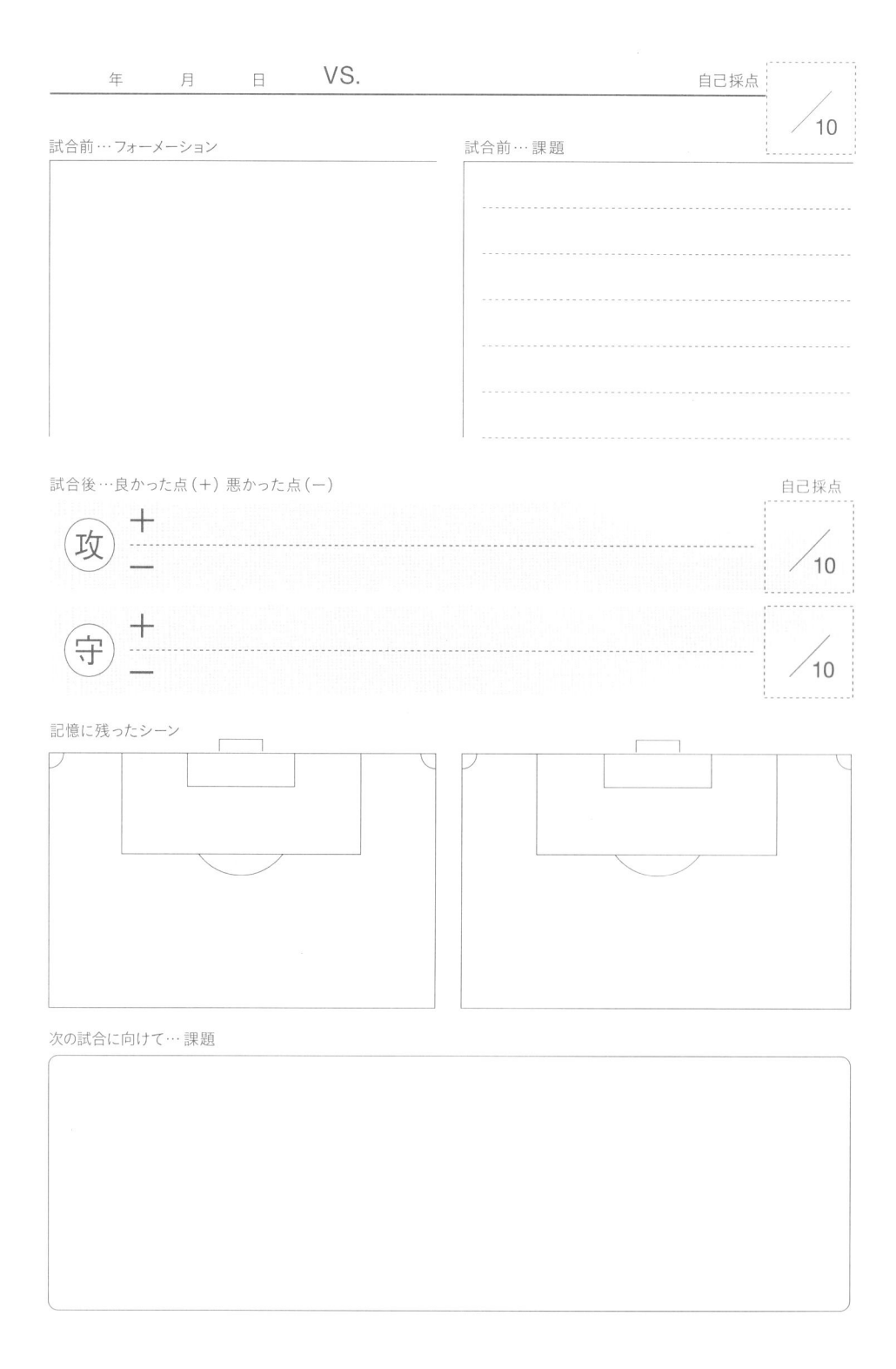

試合前…フォーメーション

試合前…課題

試合後…良かった点（＋）悪かった点（－）　　　　　　　　　　　自己採点

攻　＋
　　－　　　　　　　　　　　　　　　　　　　　　　　　　　　／10

守　＋
　　－　　　　　　　　　　　　　　　　　　　　　　　　　　　／10

記憶に残ったシーン

次の試合に向けて…課題

⚽ 誰かの代わりと思わない。チームのため自分のためにプレーしろ

___ 年 ___ 月 ___ 日　VS. _____　自己採点 ___/10

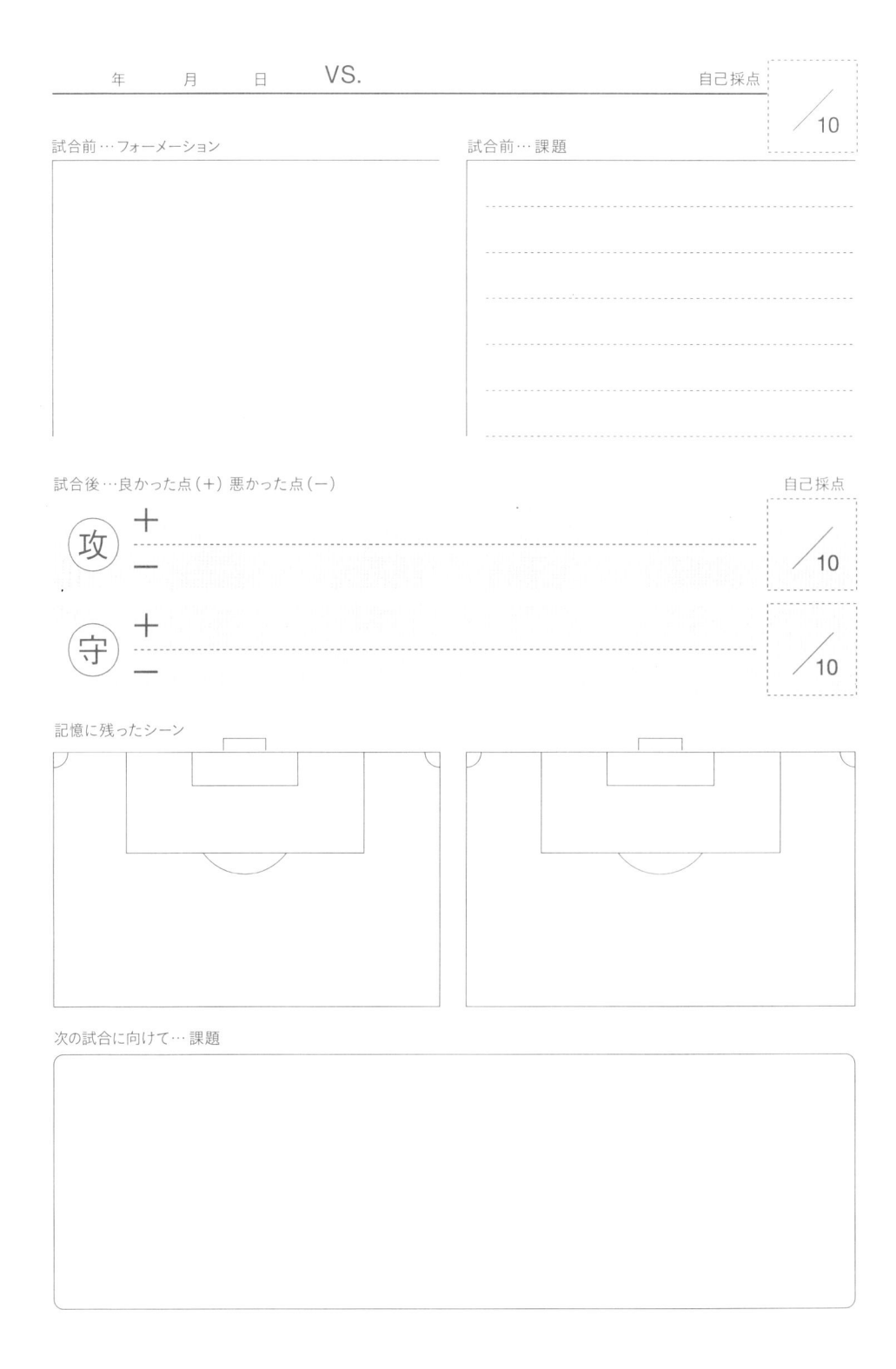

試合前…フォーメーション

試合前…課題

試合後…良かった点(＋) 悪かった点(－)　　　　　　　　　　　　　　　　　　　　　自己採点

攻　＋
　　－
　　　　　　　　　　　　　　　　　　　　　　　　　　　　　　　　　　　___/10

守　＋
　　－
　　　　　　　　　　　　　　　　　　　　　　　　　　　　　　　　　　　___/10

記憶に残ったシーン

次の試合に向けて…課題

気持ちの見える試合をしろ

年　　　月　　　日　　VS.　　　　　　　　　　　　　自己採点　／10

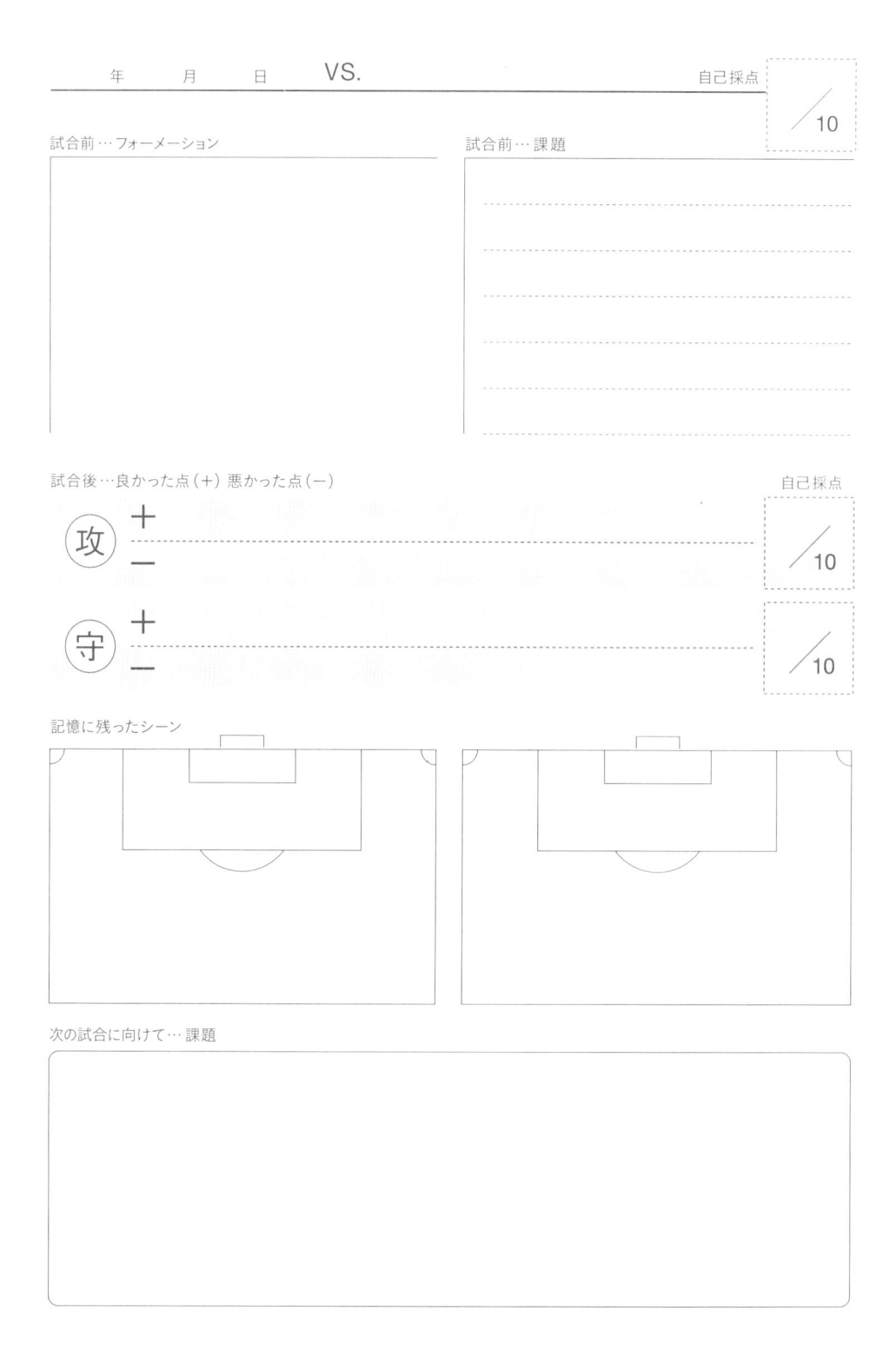

試合前…フォーメーション

試合前…課題

試合後…良かった点（＋）悪かった点（－）

攻　＋
　　－　　　　　　　　　　　　　　　　自己採点　／10

守　＋
　　－　　　　　　　　　　　　　　　　／10

記憶に残ったシーン

次の試合に向けて…課題

取られない、取られても取り返す。落ちても上がる

年　　　月　　　日　　VS.　　　　　　　　　　　　　　自己採点　／10

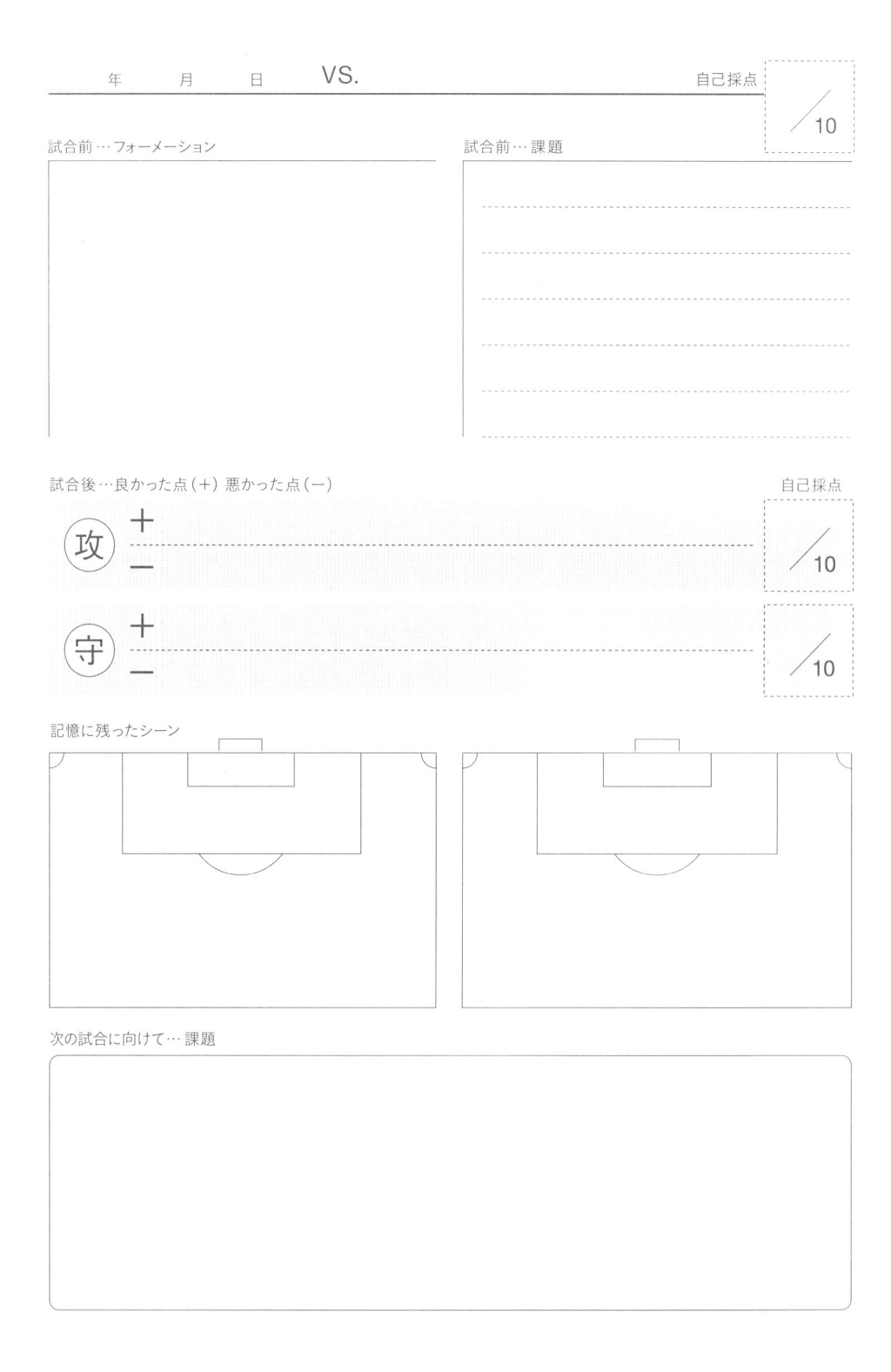

試合前…フォーメーション

試合前…課題

試合後…良かった点（＋）悪かった点（－）　　　自己採点

攻　＋
　　－　　　　　　　　　　　　　　　　　　／10

守　＋
　　－　　　　　　　　　　　　　　　　　　／10

記憶に残ったシーン

次の試合に向けて…課題

選手はグラウンドでいいプレーをして結果を出したもん勝ちだ

_____　年　　月　　日　　VS.　　　　　　　　　　　　　　　　自己採点 /10

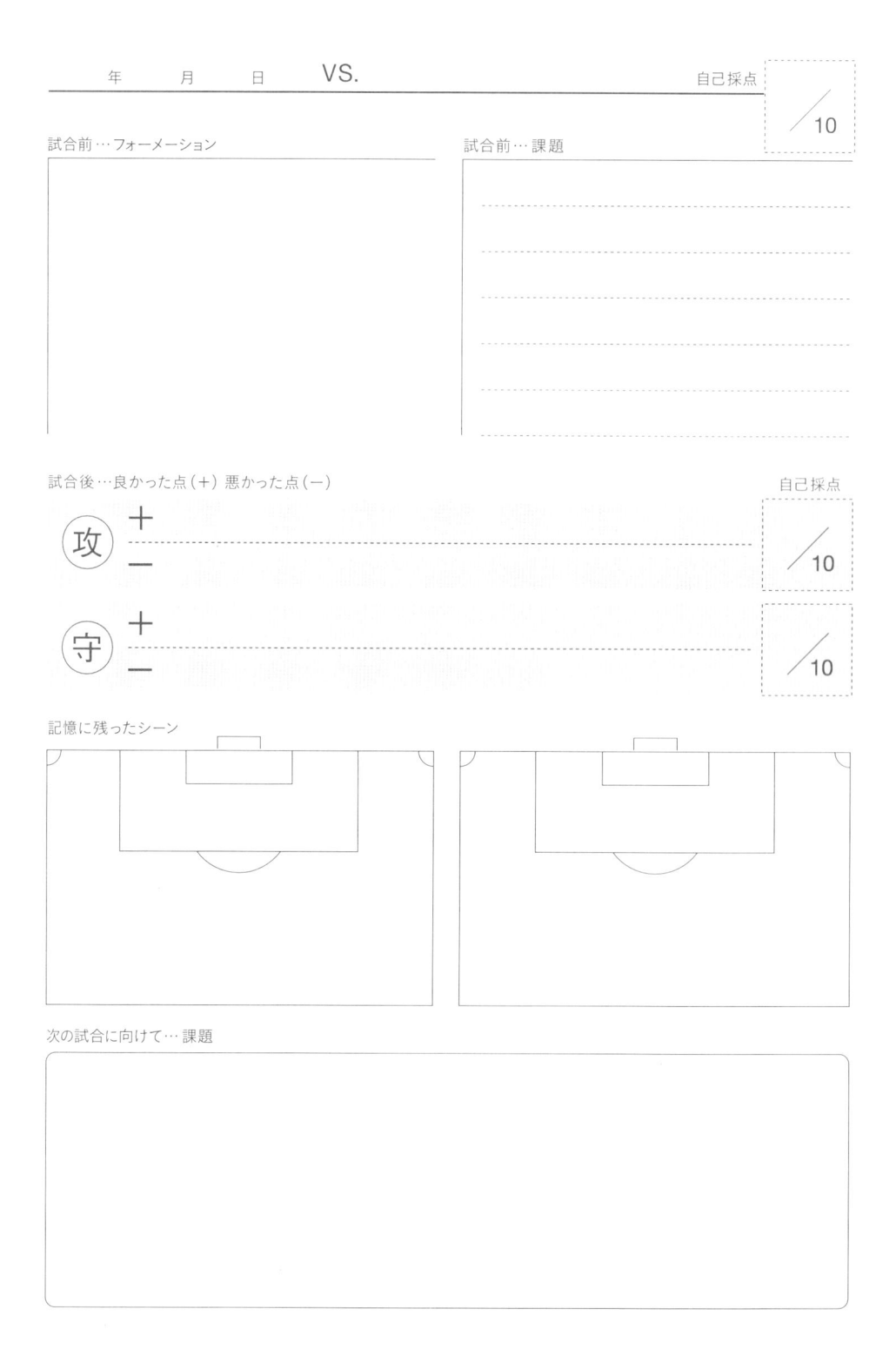

試合前…フォーメーション

試合前…課題

試合後…良かった点（＋）悪かった点（－）　　　　　　　　　　　　　自己採点

攻 ＋
　　 － 　　　　　　　　　　　　　　　　　　　　　　　　　　　　　 /10

守 ＋
　　 － 　　　　　　　　　　　　　　　　　　　　　　　　　　　　　 /10

記憶に残ったシーン

次の試合に向けて…課題

自分に何が足りないかを見つけて練習すればいい

_____　年　　　月　　　日　　VS.　　　　　　　　　　　　　　　　　自己採点 ／10

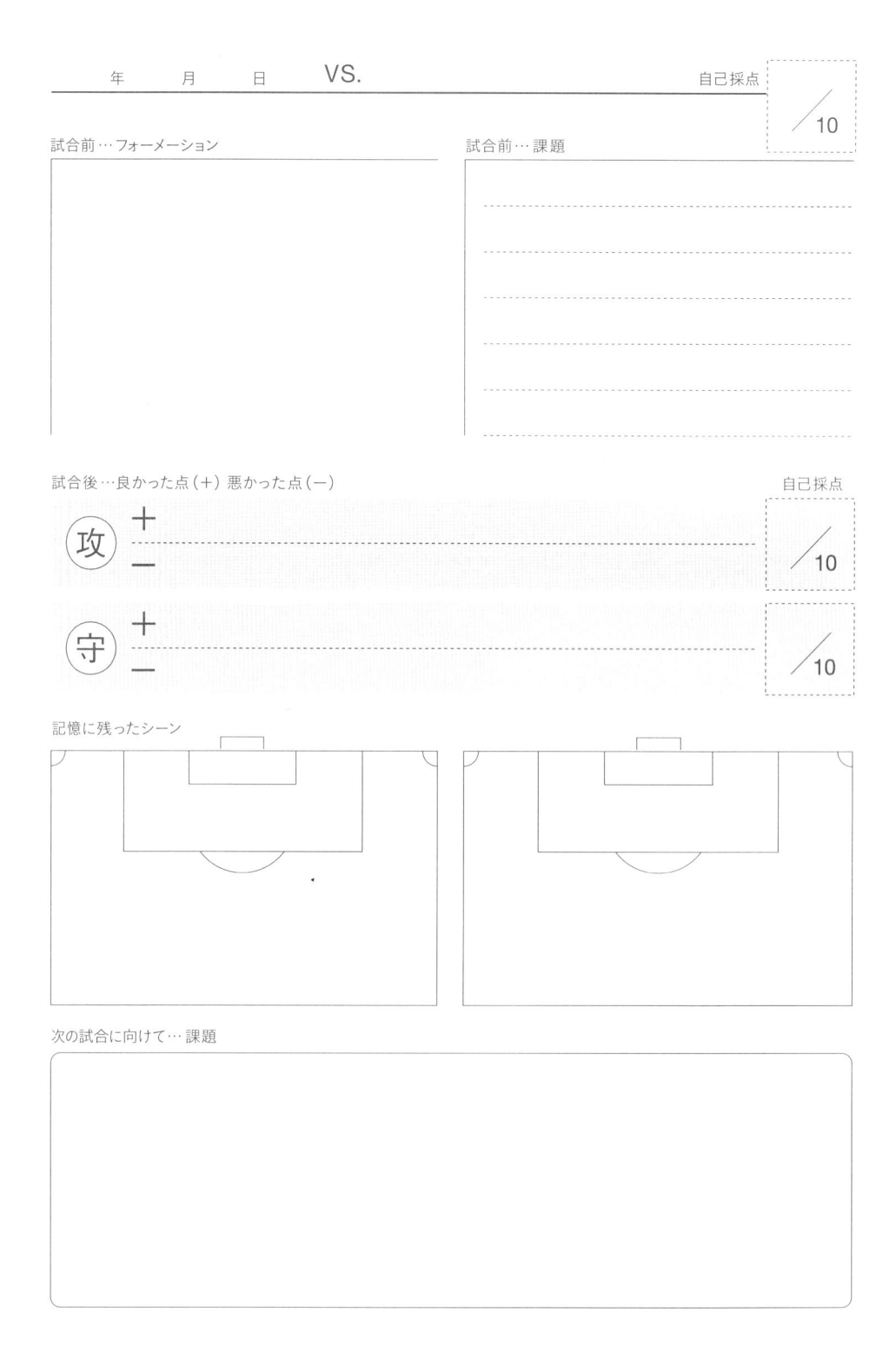

試合前…フォーメーション

試合前…課題

試合後…良かった点（＋）悪かった点（－）　　　　　　　　　　　　　　　　　　　自己採点

攻　＋
　　－　　　　　　　　　　　　　　　　　　　　　　　　　　　　　　　　　　／10

守　＋
　　－　　　　　　　　　　　　　　　　　　　　　　　　　　　　　　　　　　／10

記憶に残ったシーン

次の試合に向けて…課題

力がないと感じても、上手くいかなくても、努力だけは止めてはいけない

_____ 年　　月　　日　　VS.　　　　　　　　　　　　　　　　　　　自己採点　/10

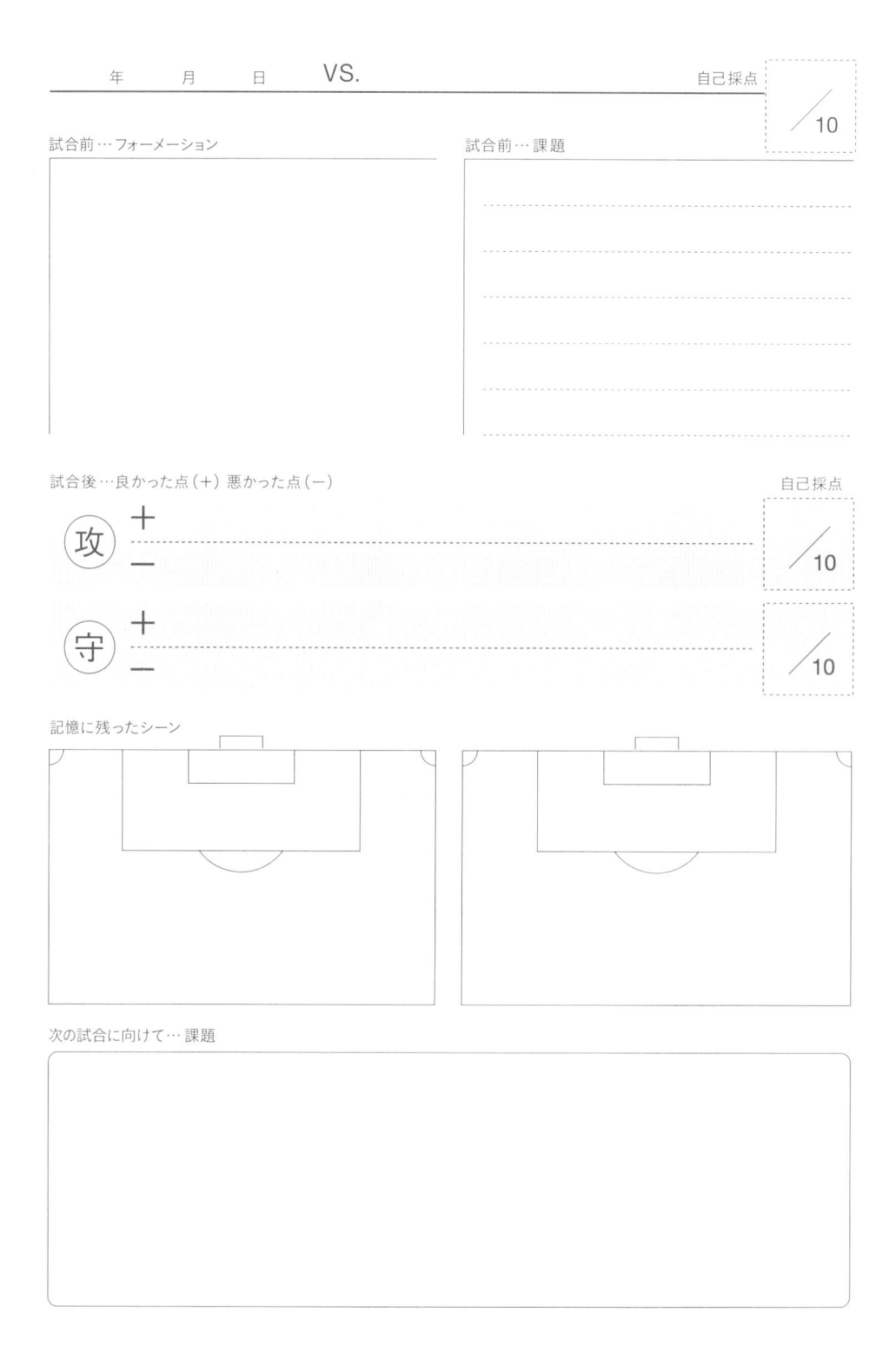

試合前…フォーメーション　　　　　　　　　　試合前…課題

試合後…良かった点（＋）悪かった点（−）　　　　　　　　　　　　　　　自己採点

攻　＋
　　−　　　　　　　　　　　　　　　　　　　　　　　　　　　　　　/10

守　＋
　　−　　　　　　　　　　　　　　　　　　　　　　　　　　　　　　/10

記憶に残ったシーン

次の試合に向けて…課題

自分さえコントロールできれば他は苦にならない

____ 年 ____ 月 ____ 日　VS. _____　自己採点 ___/10

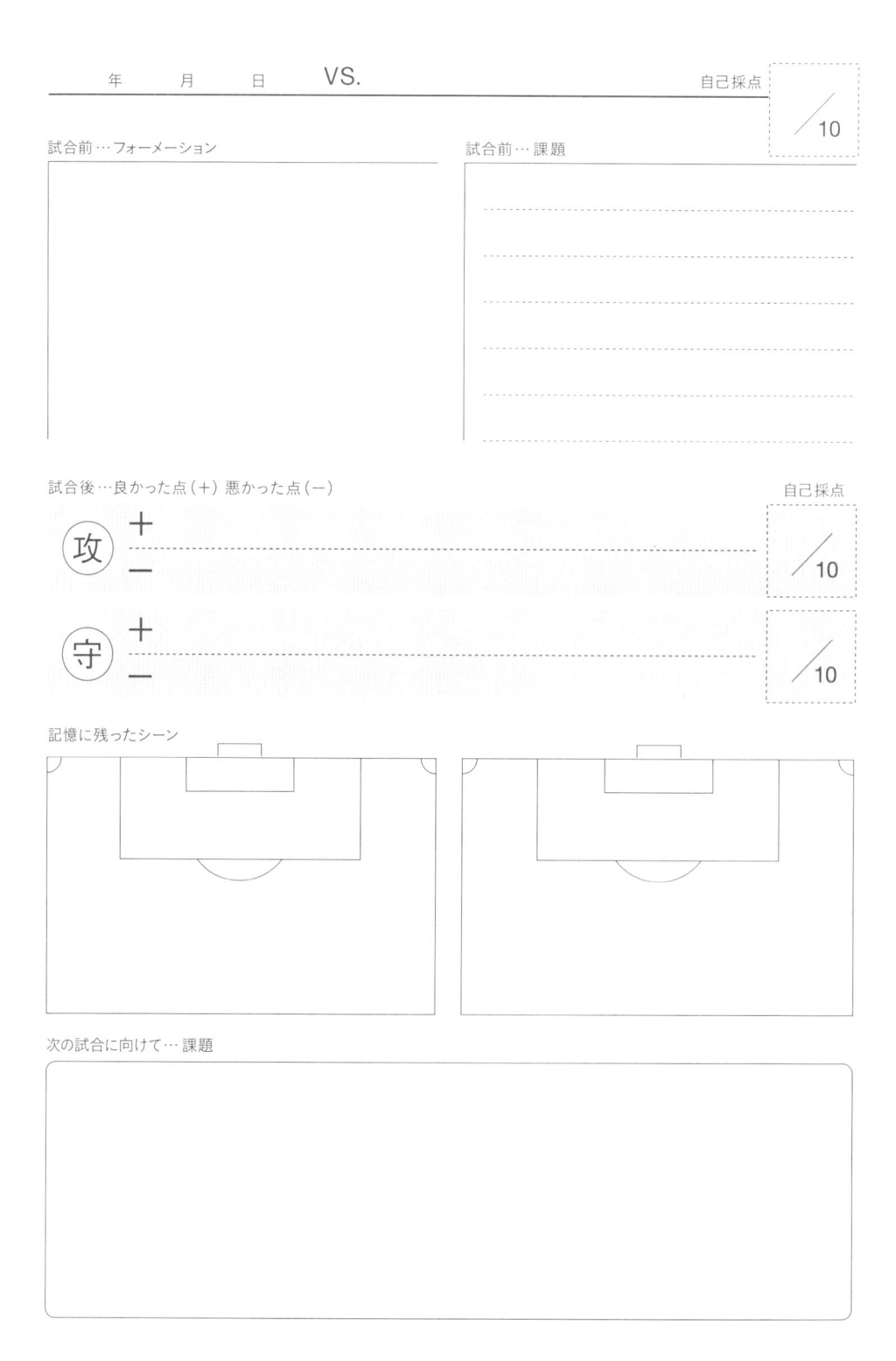

試合前… フォーメーション

試合前… 課題

試合後… 良かった点(＋) 悪かった点(－)　　自己採点

攻 ＋ / －　___/10

守 ＋ / －　___/10

記憶に残ったシーン

次の試合に向けて… 課題

自分を信じる。自分より練習やっている奴はいない

___ 年　　月　　日　　**VS.**　　　　　　　　　　　　　　　自己採点　/10

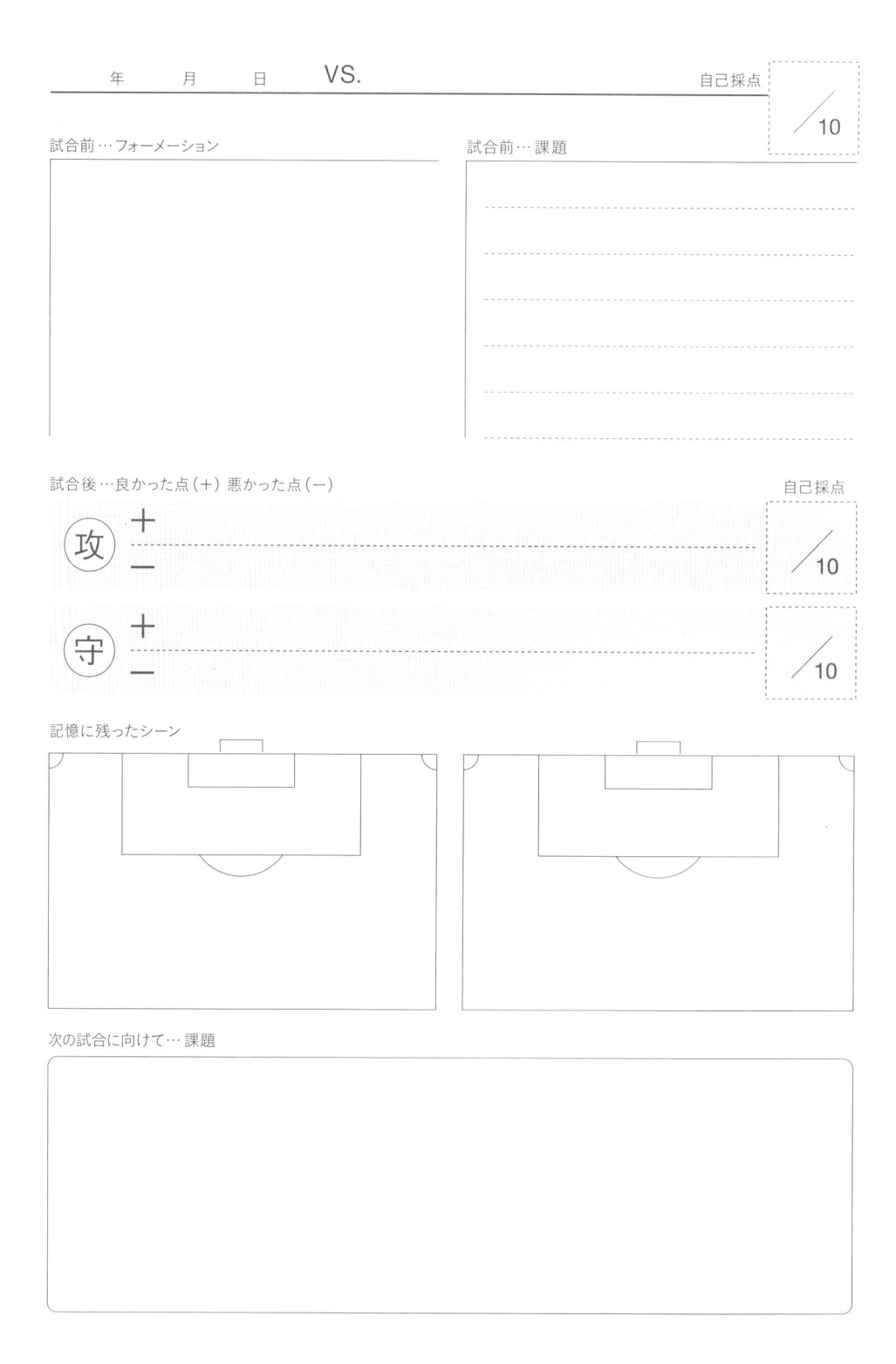

試合前…フォーメーション

試合前…課題

試合後…良かった点(＋) 悪かった点(－)　　　　　　　　　　　自己採点

攻　＋
　　－　　　　　　　　　　　　　　　　　　　　　　　　　/10

守　＋
　　－　　　　　　　　　　　　　　　　　　　　　　　　　/10

記憶に残ったシーン

次の試合に向けて…課題

⚽ 何も言わせないプレーヤーになる。プレーで黙らせる

___年　　月　　日　　VS.　　　　　　　　　　　　自己採点 /10

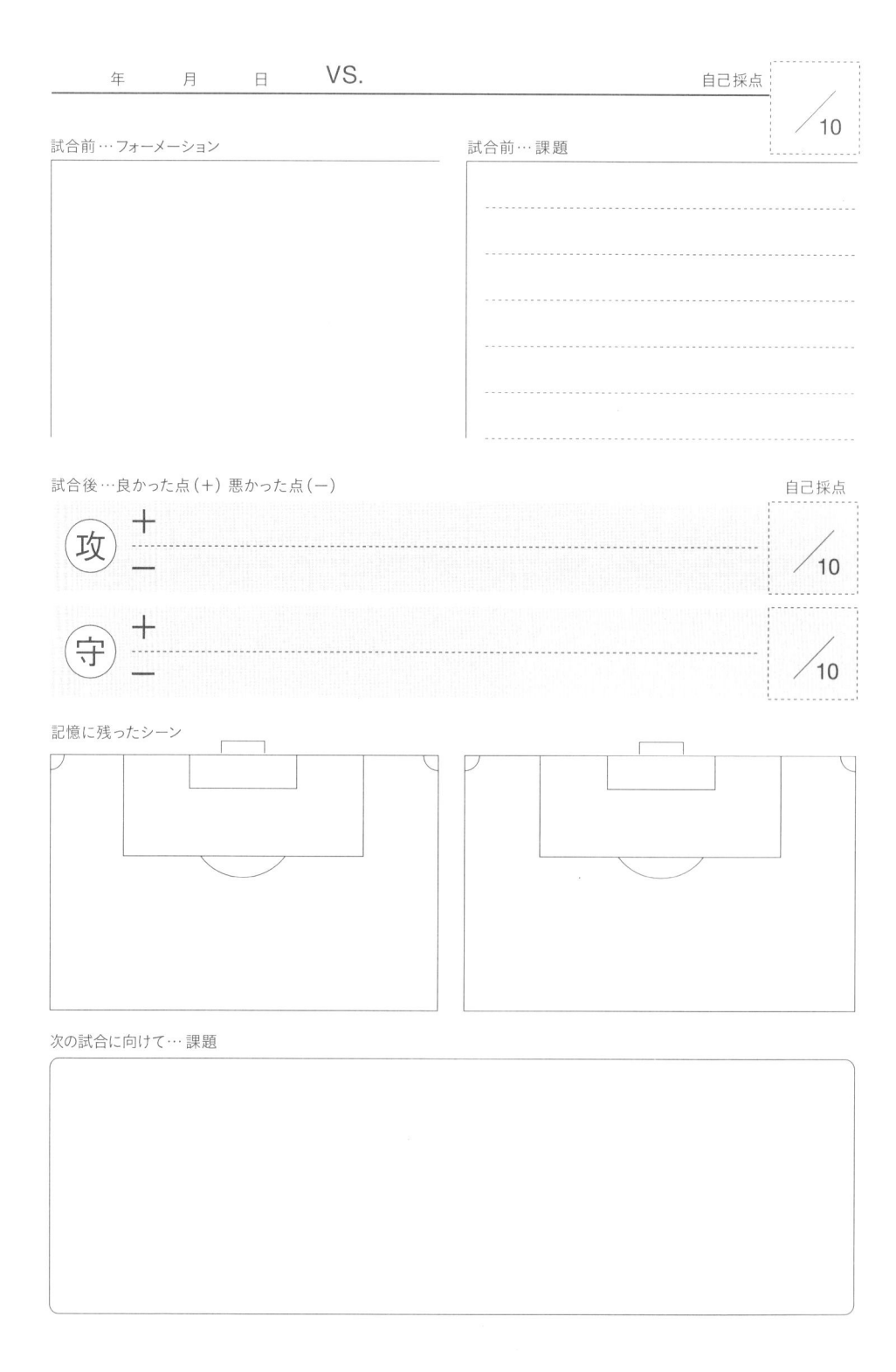

試合前…フォーメーション

試合前…課題

試合後…良かった点（＋）悪かった点（－）　　　　　　自己採点

攻　＋
　　－　　　　　　　　　　　　　　　　　　　　　　/10

守　＋
　　－　　　　　　　　　　　　　　　　　　　　　　/10

記憶に残ったシーン

次の試合に向けて…課題

活躍の種類はいっぱいある